나를 위해 이직합니다

나를 위해 이직합니다

고민하는 직장인들을 위한 현명한 이직 가이드

이지영 지음

 경이로움

✿

이직의 이유는
백인백색

올해로 헤드헌터로 일한 지 딱 21년이다. 이직을 고민하며 경력 개발에 힘쓰고 있는 인재들은 나의 중요한 파트너다. 매주 적어도 3명의 인재를 만난다고 가정했을 때, 그동안 필자가 만난 사람은 적어도 3,000명 이상이다.

　이들이 각자 처한 상황과 고민이 다른 만큼 경력 개발과 이직의 과정은 다양하다. 경험이 쌓여가는 만큼, 보다 신중해지고 고민되는 부분도 늘어나고 있다. 점점 더 치열하고 복잡해지고 있는 이직 시장, 환경에 따라 끊임없이 변신하는 기업들, 변수가 많아지고 있는 산업과 경제 환경, 다채로워지고 있는 개인의 욕구 등 이직 시장에서 고려해야 할 사항들은 점점 더 복잡해지고 있다. 이런 환경 속에서 이직이 경력 관리의 필수요소라는 인식이 확대되면서, 이직을 고민하던 사람들뿐만 아니라 고민하지 않던 사람들까지 불안감을 느끼고 있다.

이직의 이유는 제각각 다르다. 꼭 가고 싶던 회사에 다니는 사람이 보수적인 회사 분위기 때문에 이직 고민에 잠 못 이루고, 회사에서 잘나가는 핵심인재가 성공의 최고점을 찍고 있는 시기에 변해가는 회사 분위기 때문에 회사를 나가고 싶어 한다. 이직을 생각해본 적 없는 사람이 회사 내에서 줄어드는 자신의 입지 때문에 이직 고민을 시작해야 될 때도 있다. 필자가 이번 주에 만난 3명도 각자 다른 이유로 이직을 고민하고 있었다.

꿈이 직업이 되었지만

국내 1위 화장품 기업의 3년 차 디지털 마케터인 A는 대학 시절부터 화장품에 관심이 많았다. 신제품 평가 참여와 블로그 운영 경험으로 내실을 탄탄히 다진 A는, 국내 1위 화장품 기업에 취업하게 되었다. A가 너무나도 사랑하는 화장품 업계 1위 기업이지만 보수적인 기업문화, 무능력한 상사, 승진 적체, 주도적 업무가 불가능한 환경 때문에 이직을 고민 중이다. 더 나아가 창업도 고려하고 있다. 하지만 업계 1위 기업의 안정적인 환경과 보수를 포기할 만큼 다른 매력적인 회사가 있을까? 경쟁이 치열한 화장품 업계에서 창업을 한다면 성공할 수 있을까? A는 이러한 고민으로 밤에 잠을 이루지 못하고 있다.

성공한 기업의
핵심인재가 되었지만

대규모 투자 유치 및 IPO^{Initial Public Offering}(기업공개)를 앞둔 유통 기업의 전략 담당자 B는 입사 직후부터 신입이 쉽게 경험할 수 없는 핵심 업무를 담당했다. 신입으로서 어려움도 있었지만, 진취적인 성향의 B는 5년간 매우 만족스러운 회사 생활을 했다. 하지만 회사가 성공가도를 달리면서 수익 구조에만 집중하는 운영 방식으로 바뀌어가고 어려웠지만 패기 가득했던 초반 분위기가 사라지면서, B는 회사와 자신의 성향이 맞지 않는다는 생각에 이직을 고민 중이다. 또한 언제 움직여야 최상의 기회와 조건이 가능하고 현명한 경력 관리가 될지 모르겠다. 한편으로는 그동안 본인이 만들어온 기업 브랜드 가치와 처우를 포기하고 새로운 도전을 할 수 있을지 스스로 의문이다.

이직을
고려해본 적 없었지만

C는 국내 유명 유통 기업 10년 차 과장이다. 공채로 입사해 백화점 영업 직무를 충실히 수행했다. 하지만 디지털 위주로 급작스럽게 변화한 유통 환경에서도 오프라인 영업에만 집중하다 보니 점차 C의 입지가 줄어들고 있다. 영업 직무 인력을 반으로 줄일 수 있다는 소문이 심심치 않게 들려오는 상황에서 C가 불안함을 안고 필자를 찾아왔다. 대학 졸업 후 이력서는 써본 적도 없고, 첫 취업 후 이직 자체를 고려해본 적도 없다. 이제 고작 10년 차인데 벌써 뒤쳐진 것 같아 불안하다.

이직을 고민할 때 이직의 이유가 정당한지 불안해할 필요가

프롤로그. 이직의 이유는 백인백색

없다. 한없이 작아 보이는 자신의 연봉, 1시간 내내 서서 출근해야 하는 고된 출근길, 공격적인 성향을 선호하는 조직문화에서 매번 지치는 자신의 내향적인 성격 등 그 어떤 것도 정당한 이유다. 자신의 이직 사유가 객관적으로 봤을 때 별것 아니라고 스스로 진단해서 불편함과 타협할 필요가 없다. 또한 다른 사람을 설득할 필요도 없다. 오히려 설득해야 할 사람은 나 자신이다. 이직의 이유를 솔직하게 인정하고 스스로를 논리적으로 설득할 수 있다면 이직의 과정이 제대로 시작된 것이다.

이직의 고민이 다양하듯, 이직의 방식도 무조건 맞고 무조건 틀린 것은 없다. 하지만 이직 고민을 시작하는 순간부터 자신의 상황을 객관적으로 분석한다면, 자신에게 맞는 이직 방법이 반드시 보일 것이다.

이 책에 21년간 새로운 기회를 모색하는 인재들과 그들과 함께 성장하고자 하는 회사 사이에서 다양한 사례를 관찰하고 얻은 필자의 경험을 담았다. 이직으로 더 나은 삶을 꿈꾸는 많은 분에게 이 책이 작은 도움이 되기를 바란다.

이지영

✿ 목차

PART 2 이직 본격적으로 준비하기 – 서류

PART 3 이직 본격적으로 준비하기 - 면접

PART 4 이직 단계 마무리

PART 1

이직을
준비하기 전에

스타트업과 대기업,
누구에게나 다 맞을까?

'올해 최대 실적을 거둔 국내 최대 전자제품 기업 A사, 전 직원 대상 성과급 잔치' '성공적인 IPO로 주목받은 커머스 플랫폼 기업 B사, 전 직원 대상 스톡옵션 지급 예정' '독보적 기술로 주목받는 바이오 스타트업 C사, 수백 억 규모의 투자 유치 성공' 등 많은 직장인의 눈길을 끄는 관련 뉴스가 연일 도배되고 있다. 단순히 처우뿐만 아니라 여러 가지 이유로 이직 희망자들의 눈길을 끄는 회사는 대기업과 스타트업이 대다수고, 최근 경제 둔화로 잠시 주춤하기는 하지만 이러한 추세는 강화되고 있다.

물론 좋은 회사의 훌륭한 업무 환경과 조직문화, 만족스러운 처우 등의 조건하에서 본인의 경력을 발전시킬 수 있다는 것은 매우 이상적이다. 하지만 모든 회사가 정말 보이는 것만큼 환상적인 기회와 환경을 제공하는 것일까? 정말 그렇다면 대기업과 성공한 스타트업이 높은 퇴사율과 인재 확보로 어려움을 호소하지 않을 것이다.

많은 이직자가 목표로 삼던 기업으로 이직 후, 예상치 못한 어려움을 겪고 다시 퇴사하는 경우도 많다. 이러한 과정을 최소화하기 위해서는 자신과 맞는 회사와 조직에 대해 면밀히 분석해야 한다.

본인이 직접 겪어보지 않은 회사는 매력적으로 보이기 마련이다. 그렇기 때문에 현재 속한 곳과 반대의 성향인 곳으로 이직하면, 지금의 불만족스러운 것들이 상당수 해소될 것이라 상상하게 된다.

하지만 의외로 다른 형태의 회사로 이직한 사람이 새 회사에서 적응을 실패하는 경우가 상당히 많다. 이직의 이유를 지금 당면한 문제 해결에만 집중해서 찾았기 때문이다.

대기업은 답답하다.
답은 스타트업?

대학 시절부터 뷰티 블로거로 활발히 활동하며 화장품 업계에 관심이 많았던 A는, 국내 최대 화장품 기업에서 인턴을 거쳐 브랜드 담당으로 취업에 성공했다. A가 담당하고 있는 브랜드는 시장에서 좋은 반응을 얻고 있고, A는 내부에서도 역량을 인정받고 있다. 그런데 요즘 고민에 빠졌다. 꿈의 직장에서 꿈꾸던 일을 하고 있고 대기업의 안정적인 환경하에서 높은 보수를 받고 있지만, 새로운 도전을 꿈꾸기에는 현재의 조직은 너무 답답했다.

마침 새롭게 시작하는 뷰티 스타트업에서 마케팅 팀장을 제안받았다. 아직 초기 단계지만 창업자를 포함한 조직원들은 성공에 대한 자신감이 차 있었다. 브랜드 방향, 사업 가능성, 이상적인 조직에 대한 철학 모두 A가 꿈꾸던 것과 닮아 있었다. 안정적인 대기업을 떠난다는 불안함도 잠시, A는 내손으로 회사의 성장을 이끌 주역을 꿈꾸며 이직을 결심했다.

이직 초반에는 하루가 어떻게 가는지 모를 정도로 즐거움의 연속이었다. 동료들과 열띤 토론과 아이디어 공유를 하면서 마치 입사 초기 당시의 열정이 돌아온 느낌이었다. 든든한 동료들과 몇 개월만 고생하면 곧 내손에서 탄생한 제품을 만날 수 있다는 기대감에 피곤함도 잊었다.

하지만 생각보다 고비는 빨리 찾아왔다. 너무 많은 각자의 아이디어와 넘치는 의욕 탓에 수많은 회의를 하지만 의견이 하나로 모아지지 않았다. 마케팅에 과감한 투자가 필요하다는 A의 의견에 창업자는 반대했다. 장점이라고 생각했던 다양한 역할 수행은 불분명한 업무 분장이라는 단점으로 돌아왔고, 이 때문에 업무 효율이 떨어질 뿐만 아니라 자신의 전문성이 사라지지 않을지 우려가 되었다. 발전 가능성만 생각했던 것이 문제였을까? 현저히 줄어든 연봉과 몇 배 이상 늘어난 업무량에 A는 점점 일에 흥미를 잃어갔고, 결국 이직 6개월만에 퇴사했다.

스타트업형 인재

앞서 살펴본 사례처럼 사업 단계나 조직 성향에 따른 차이는 있겠지만, 대다수의 스타트업에서는 1명이 다양한 역할을 수행해야 하며, 자신이 잘 모르는 분야도 스스로 배워서 해결해야 한다. 특정 역할에 익숙해진 사람이라면 이 부분이 즐거운 도전이 아니라, 업무 가중의 버거움과 전문성 상실에 대한 두려움으로 다가올 수 있다.

대부분 내손으로 이뤄낸 성공을 꿈꾸며 스타트업으로 이직한다. 이 비전이 어떠한 역경에도 크게 흔들리지 않는 성향이어야 스타트업에서 버틸 수 있다. 언론에서 보여주는 스타트업들의 성공 기사는 성공했기 때문에 노출된 것이다. 고속 성장 가도를 달리는 스타트업이 찰나에 추락하는 경우도 많다. 그러다 보면 무급으로 몇 개월간 일할 수도 있고, 회사에 합류했을 때 받았던 스톡옵션은 무용지물이 되는 경우도 많다. 특히 요즘처럼 투자가 경직된 경제 상황이라면 이러한 위험도는 더 높아진다. 스타트업으로 이직을 고민한다면 본인이 리스크테이킹 성향Risk taking(위험을 지각했음에도 행동으로 옮기는 성향)인지는 꼭 확인해야 한다.

초반에는 창업자의 아이디어와 비전이 자신과 짜고 맞춘 것처럼 공감이 간다. 하지만 실행 과정에서 의견이 불일치되는 경우가 생각보다 많다는 것을 인지해야 한다. 스타트업형 인재의 필수요소는 창업가 정신이지만, 창업자와 똑같은 양과 질로 꿈꾼다는 것은 어려운 일이다. 이러한 차이를 조율하며 좁혀갈 수 있는 인내심과 용기가 자신에게 있는지, 서로를 이해하지 못해 답답한 대립 상황에서도 인내할 수 있을지 잘 판단해야 한다.

이 외에도 스타트업형 인재의 특징은 많지만, 모든 특징에 자신이 다 맞을 수는 없다. 그러므로 본인의 기본적인 성향과 문제 해결 방식 등을 객관적으로 판단하는 게 중요하다. 스타트업의 조직원들이 전문성이 결여되었다는 말은 전혀 아니지만 자신의 직무가 명확한 것을 선호한다면 스타트업은 다시 생각해야 한다. 세상 모든 일이 그러하듯 스타트업에서 누릴 수 있는 유연성과 높은 발전 가능성, 성취감은 많은 부분이 부딪히고 깎이면서 얻은 것이다. 단순히 지금 회사에 답답함을 느껴 스타트업을 선택한다면 다른 결의 답답함에 부딪힐 수밖에 없다.

불안한 현재와 미래, 답은 안전한 대기업?

패션 이커머스 업계의 중소기업에서 일하고 있는 5년 차 개발자 B는 현 회사가 세 번째 직장이다. 대학 시절 프로젝트성으로 일했던 배달 플랫폼 스타트업, 졸업 후 1년간 근무했던 공유 플랫폼 기업을 거쳐, 현재는 업력 10년에 직원 150명 정도의 중소기업에 다니고 있다. 개발자가 대우받는 환경이고 업무 분장도 확실해 큰 불만은 없었지만 중소기업에 계속 있는 것이 경력 관리에 불리할까 봐 B는 불안해졌다. 그뿐만 아니라 대기업에 재직 중인 친구들과 갈수록 처우 차이도 커졌다. 불안한 경제 지표들로 많은 개발자가 대기업으로 돌아가고 있는 시대의 흐름에 맞춰 B는 국내 금융 대기업으로 이직했다. 부모님은 이름만 대면 누구나 안다는 회사라며 기뻐하셨다. 연봉도 예상치보다 더 상승했고, 쾌적한 근무 환경과 여러 가지 복리후생 등을 보장받아 대기업으로의 이직은 탁월한 선택이라 생각했다.

　하지만 몇 개월간 적응 기간을 거치며 B는 조금씩 마음이 불편해지기 시작했다. 전통 IT 기업이 아니다 보니 회사 내에서 개발 업무의 중요도가 낮을 것이라 어느 정도 예상했지만, 생각보다 더 낮았다. 개발 업무까지 비용 절감의 대상이 되어서, 외주를 맡기고 관리하는 업무만 더 늘어났다. 또한 빠른 결정과 실행에 익숙한 B는 느리고 보수적인 의사결정 방식이 너무 답답하게 느껴졌다. 개발 업무를 단순히 타 부서를 지원한다는 내부 선입견이 팽배하다 보니, B의 의견은 절대적으로 반영이 어려웠다. 대기업에 다녀보니 장점도 분명히 있지만, 예상치 못한 답답함을 느낀 B는 또 다시 이직을 고민하게 되었다.

대기업형 인재

대기업형 인재가 체계적이고 안정된 환경에서 조직의 부품처럼 일하는 성향이라는 편견이 있는데 절대 아니다. 기업문화에 따라 차이는 있겠지만, 이러한 성향은 여러 대기업의 인재상에 공통적으로 등장하는 혁신, 도전, 열정, 창의성 등과는 간극이 크다. 대기업들은 상대적으로 안정적인 경영을 위한 조건들을 갖춘 것은 사실이다. 하지만 급변하고 있는 경제 상황과 시장 환경 속에서 '대기업=안정적' 공식은 이제 더 이상 유효하지 않다.

대기업이 맞는 성향의 사람은 대부분 특정 직무나 전문성 강화에 관심이 많다. 조직 내부에서 자신의 역할과 권한이 명확할수록 뛰어난 성과를 내고, 이런 환경에서 자신만의 고유한 전문성과 경쟁력을 쌓는 것을 선호한다. 대기업은 큰 사업 규모와 투자 여력 덕분에 매우 유의미한 업무 경험을 할 수 있는 기회가 있다. 이 기회를 잘 활용하기 위해서는 내부에서 인정받아 큰 프로젝트를 진행할 수 있는 핵심인재가 되어야 한다. 즉 자신의 업무 분야와 관련된 새로운 도전, 변화에 대한 수용성과 혁신 추구 등의 키워드가 대기업 인재상에서 중요한 것이다. 시키는 것만 잘하는 것은 중요하지 않다.

흔히 대기업은 상하구조가 명확한 보수적인 조직이라는 인식이 있다. 상명하복, 직급 서열 등 갑갑하고 부정적인 이미지가 떠오르기 마련이지만, 조직이 클수록 확실한 역할과 권한 분배가 이뤄져야 하고 책임자가 있어야 한다.

수많은 업무 관계가 얽혀 있는 환경에서 공동의 목표를 달성해야 하기 때문에 대기업형 인재는 구조적 시스템이 잘 갖춰진 업무 환경을 선호한다. 즉 정해진 틀 안에서 최상의 결과를 도출해내기를 선호하는 사람이 대기업에 적합하다. 또한 수많은 이해관계 속에서 효율적인 업무 진행을 위한 소통과 협력을 즐기는 성향도 대기업형 인재의 특징 중 하나다. 최근 대기업 인재상에서 눈에 많이 띄는 소통과 협력이라는 키워드와 무관하지 않다.

정리하자면, 이직하려는 회사의 발전 가능성과 장점을 파악하고, 그러한 환경들이 자신의 성향과 잘 맞는지 검토하는 것이 정말 중요하다. 동시에 단점도 파악해서 본인이 수용할 수 있을지를 따져봐야 한다. 현재 불편한 부분들을 이직으로 해결하기 위해서는 이직하려는 회사에 대한 이해와 본인의 성향 파악이 충분히 이뤄져야 한다.

기업은 어떤 인재를
어떻게 찾을까?

"서로가 서로를 원하는데 왜 이렇게 만나기가 힘들까요?"

점점 복잡해지고 있는 이직 시장에서 기업들도 이직을 준비하는 사람들만큼 꽤나 고민이 깊다. 기업이 어떠한 방식으로 시장에서 톱 플레이어를 찾고 평가해서, 조직의 핵심인재로 영입하고 활용하는지가 기업들의 경쟁력에 직접적인 영향을 미치기 때문이다.

경제 상황에 따라 달라지기는 하지만, 최근 몇 년간 기업들의 채용 건수는 꾸준히 상승했다. 기업들은 대체 어떤 사람을 찾고, 어떤 방식으로 이들을 선별하고 있을까?

고스펙이
전부는 아니다

짧지 않은 기간 동안 수많은 이력서를 검토한 필자는 최근 들어 부쩍 지원자들 스펙이 더욱 상향 평준화되었음을 느낀다. 다양한 스펙이 이제는 너도나도 당연히 갖춰야 할 필수요소로 여겨진다는 것이다. 높은 토익 점수나 컴퓨터활용능력 자격증 등 전통적인 스펙들 외에도 직무와 직접적, 간접적 연관이 있는 수많은 교육이수와 자격증이 가득한 이력서를 쉽게 볼 수 있다. 스펙 쌓기에 집중해야 하는 어쩔 수 없는 현 상황에 안타까운 마음이 든다.

그런데 지원자 대부분이 고스펙을 보유하다 보니 변별력 역시 떨어진다는 문제가 있다. 이력서를 검토하는 입장에서는 지원자들이 적지 않은 시간과 노력으로 쌓아온 스펙들이 차별화된 장점으로 보이지 않을 수 있다. 스펙 쌓기를 하지 말라는 이야기는 절대 아니다. 좀 더 전략적인 접근이 필요하다는 말이다. 특정 기업 혹은 업무에 필요한 교육이수나 자격증을 집중적으로 공략해야 한다. 예를 들어 기획자나 마케터라면 정보처리기사나 컴퓨터활용능력 자격증 외 빅데이터분석기사나 구글 애널리틱스 등과 같은 업무 연관성이 높은 자격증이 더욱 돋보일 것이다.

자격 요건도 중요하지만 그보다 자신만의 스토리가 분명한 인재에게 기업들이 더욱 집중하는 추세가 뚜렷해지고 있다. 그렇다고 남들보다 억지로 튀어 보이라는 이야기가 절대 아니다. 대부분의 지원자가 자신의 경력과 역량을 필요 이상으로 엄격한 잣대로 평가해 자신감이 떨어지는 경우가 많지만, 세상에 의미 없는 일은 없다. 매일 회사에서 주어진 역할을 지루하게 수행한 것처럼 느껴지더라도 그 안에서 연마한 본인만의 기술과 강점이 분명히 있을 것이다. 이런 부분을 누구보다 자랑스럽게 평가하며 다른 조직에서도 더욱 잘 발휘할 수 있는 준비된 인재라고 스스로 인정하고 자신만의 스토리를 준비하면, 기업들도 주목할 것이다.

기업의 인재상,
그냥 넘기지 말자

평소 관심 있는 기업들의 채용 공고와 기업 홈페이지를 살펴보면 기업 인재상에 대한 내용을 쉽게 볼 수 있다. 가볍게 지나치는 사람이 많은데, 이는 기업들이 긍정적인 단어를 나열한 듯해 보이기 때문이다. 혁신, 열정, 도전, 책임, 협력 등 식상한 듯하지만, 사실 우리도 이력서나 자기소개서를 작성할 때 반복해서 사용하는 단어들이기도 하다.

실제로 기업의 인재상과의 부합은 채용 합격에 큰 영향을 미친다. 국내의 대표적인 채용 플랫폼 '사람인'이 2021년 하반기에 538개 기업을 대상으로 조사한 결과, 채용 시 기업 인재상에 부합하는지가 당락에 미치는 영향은 평균 58%로 집계되었으며, 응답한 기업의 77%는 지원자의 역량은 충분하나 인재상에 부합하지 않아 탈락시킨 경험이 있다고 밝혔다. 반대로 스펙은 부족하지만 인재상에 부합해 합격시킨 기업 비중은 86.1%에 이른다. 인재상을 절대 가볍게 여길 수 있는 부분이 아니라는 것이 이 조사에서 증명되었다.

최근 더욱 중요해진 책임감, 소통 능력, 긍정적인 태도 등 소프트 스킬Soft skill(의사소통, 리더십, 협상, 팀워크 등을 활성화할 수 있는 능력)에 해당하는 역량은 정량적으로 작성하거나 서류상으로 어필하기 힘든 부분이 있다. 흔히 이야기하는 MZ세대가 자율성을 중요시하고 개인주의적 성향이 강해서 기업이 원하는 인재상이 바뀌었다는 의견도 있지만, 기업들이 원하는 소프트 스킬에는 공통점이 있다. 단지 표현 방식이 조금 달라졌다고 보는 게 정확할 것이다. 그러므로 지원하려는 기업의 인재상을 반드시 숙지하는 것이 중요하다.

다양해지는 인재 선별 방법

기업 입장에서는 스펙도 중요하지만, 조직과의 합이 맞는 지원자를 찾는 것도 매우 중요하다. 기업의 경영 환경이 점점 복잡해질수록, 각각의 조직원의 스킬이나 역량 이상으로 조직과 개인의 시너지가 더 큰 힘을 발휘하고 있기 때문이다. 하지만 함께 일해보지 않는 이상 이를 완벽하게 파악하기가 어려우므로 비용과 오류를 최소화하기 위해서 여러 가지 도구와 방식을 활용한 고도화된 평가가 필요할 수밖에 없다.

대기업을 중심으로 매년 실시되던 정기 공채는 이제 극소수 기업을 제외하고 찾아보기 어렵다. 대규모 정기 공채 중심의 문화에서 필요한 인재를 연중 채용하는 형태로 변화한 지 꽤 오래되었다. 일부 기업은 인재상과 맞는 지원자가 언제 나타나고 언제 필요할지 모르기 때문에 항상 인재풀을 확보하고 있다. 그 결과로 내부 채용 담당자와 외부 인재 채용 담당자(헤드헌터 등)와의 협력이 급속도로 늘었다. 헤드헌터도 복잡해진 이직 시장만큼 채용 방식이나 선별 방법도 다양해졌기 때문에, 예전보다 더욱 긴밀히 기업들과 소통하고 이직 시장을 다각도로 살펴보게 되었다.

위에서 언급한 것처럼 기업들은 역량이 뛰어난 인재들을 당장 채용하지 않더라도 인재풀을 미리 확보해 필요시 영입하기 위해서 상시 채용을 진행한다. 특히 급속도로 사업 확장이 필요한 플랫폼 기업들, 사업 구조나 운영 방식에 변화를 추진하고 있는 기업들은 항상 인재 채용 홈페이지를 운영하며 인재를 영입하고 있다.

홈페이지 외 채널도 다각화하고 있다. 기업의 최고인사책임자Chief Human Resource Officer, CHRO가 글로벌 비즈니스 인맥 플랫폼인

'링크드인Linkedin'에 채용 공고를 대대적으로 홍보하기도 하고, 내부 채용 담당자들이 페이스북, 유튜브 등 뉴미디어 채널에서 직접 인재상을 설명하는 것을 쉽게 접할 수 있다.

사내 추천 제도를 적극적으로 활용하는 기업도 있다. 적절한 보상 제도로 내부 조직원들의 인재 추천을 활성화해 좋은 인재를 확보하는 데 효과적인 방법이다. 각종 온·오프라인 행사에서 기업의 EVPEmployee Value Proposition(직원 가치 제안)를 소개하며 어떤 인재를 원하는지 알리는 기업도 많아지고 있다.

채용 방식도 서류→면접→인성 검사→평판 조회로 이어지는 형태는 유사하나, 세부 내용은 좀 더 복잡해지고 있다. 조직과 맞는 인재를 찾기 위한 심화 질문, AI와 VR 등을 적극 활용한 디지털 채용 확대, 함께 일할 동료와의 티타임, 사업과 직접 관련된 현황 파악 및 문제 해결 방식을 평가하기 위한 과제 등 기업과 지원자 모두 준비할 게 많아졌다. 양쪽 모두에게 많은 시간과 비용, 에너지가 드는 과정이다.

개인적으로 이런 현상이 더욱 잘 맞는 인연을 찾기 위해 서로에게 필요한 과정이라는 생각이 들면서도 기업과 지원자 모두 정말 수고한다는 생각이 든다. 하지만 시행착오를 줄이기 위한 불가피한 과정이며, 앞으로 더욱 다양하고 기발한 방식이 만들어질 것이라 예상한다. 기업 입장에서는 좋은 인재를 영입하기 위한 방식의 다각화도 중요하지만, 지원자에게 명확한 역할과 비전을 제시하고 정확하고 공정한 평가 과정 등을 필수적으로 갖춰야 한다. 지원자 또한 자신의 전문성과 역량을 다양한 환경에서 여러 가지 방식으로 정확하게 전달할 수 있어야 한다.

사실 이직 시장이 치열해지고 복잡해지다 보니 이직 기회와 생각이 많아졌지만, 성공 확률이 그만큼 높아졌다고 보기는 어렵다. 정보와 기회가 너무 많아서 오히려 고르기 어려운 경우도 있고, 길어진 채용 과정에서 포기하거나 진행 중에 더 매력적인 기회를 제안받을 수도 있다. 기업이나 지원자가 많은 시간과 비용을 투입해야 하는 과정이지만 그만큼 서로에게 원하는 조건이 잘 맞는다면 가는 길이 험난해도 만날 수밖에 없다. 당시에는 연이 닿지 않던 기업과 지원자가 시간이 흘려 상황이 변하면 다시 만날 수 있다. 그만큼 서로 줄 수 있는 것과 기대하는 것을 명확하게 표현하고 역량과 가치를 단단하게 준비한다면 돌아가더라도 결국 만난다.

퇴사 먼저,
이직은 나중에 해도 괜찮을까?

선先퇴사 후이직의 질문에 답을 먼저 한다면 "괜찮다"라고 말하
겠다. 재직 중에 더 좋은 조건으로 이직에 성공해 1개월간 푹 쉬
고 충전된 상태에서 새로운 환경에 즐겁게 적응하는 게 이상적
이지만, 매일이 너무 힘들기만 하고 더 이상 버틸 힘이 남아 있
지 않다면 퇴사부터 해도 된다. 하지만 당장 뛰쳐나가기에는 다
음 달 카드값이 걱정될 수도 있고, 다시 취업이 안 되면 어쩌나
하는 불안감이 들 수 있는데 이는 또 다른 스트레스다. 그렇다
면 이러지도 저러지도 못하는 상황을 어떻게 해결하면 좋을까?

선퇴사는
현명하게 해야 한다

물론 힘들면 무조건 퇴사하라는 이야기는 아니다. 직장 생활은 내 노동력을 제공하고 그 대가를 얻는 과정이기에 당연히 힘든 순간들이 있다. 그때마다 모두가 퇴사를 결심한다면 회사에 남아 있는 사람은 아무도 없을 것이다. 퇴사 결정은 주관적, 객관적 사고를 기반으로 해야 한다.

현 직장 생활에 100% 만족한다는 것은 불가능하다. 하지만 불만이 만족보다 커진다면 그때는 퇴사와 이직을 고려해봐야 한다.

불만의 이유는 지극히 주관적일 수 있다. 업무가 즐겁지 않고 경력 발전 가능성이 보이지 않는다는 게 가장 흔한 이유일 수 있지만, 다른 사소한 문제가 원인이 될 수 있다. 너무 긴 출퇴근 거리, 본인의 성향과 맞지 않는 기업문화, 불만족스러운 연봉이나 희박한 승진 가능성 등 다른 사람에게는 괜찮을 수도 있는 부분이 자신에게는 큰 문제로 다가올 수 있다. 이럴 때는 마냥 참는 게 능사는 아니다. 이런 순간 스스로와 솔직하게 대화를 하는 게 중요하다.

나를 위해 이직합니다

선퇴사를 반드시 해야 하는 경우도 있을 수 있다. 조직이 존폐 위기에 몰려 있거나 갑작스러운 구조 조정 등으로 원하지 않는 직무를 맡게 되는 극단적인 상황에서는 본인도 빠른 결정을 내리는 게 좋다. 스트레스로 위협받는 육체적·정신적 건강, 부당한 대우, 비도덕적 내부 행위 등 시간이 지날수록 더욱 악화되는 상황도 마찬가지다.

단, 선퇴사 결정 전에 객관적으로 판단해야 할 부분도 있다. 잠시 쉬어가는 것을 선택했을 때 고정 수입이 끊기므로 경제적인 부분을 감당할 수 있는지 반드시 확인해야 한다. 어느 정도를 재충전의 기간으로 삼아야 충분할지도 계획해야 한다. 그리고 무엇보다 자신이 앞으로 어떤 조직에서 어떻게 경력을 쌓아가고 싶은지, 자신의 역량과 경력이 이직 시장에서 충분히 경쟁력이 있는지를 정확하게 파악하는 게 중요하다.

당장 지원하지 않더라도 업계에서는 어떤 사람을 찾고 있는지 가볍게 검색하다 보면 객관적인 판단은 쉽게 할 수 있다. 현명한 선퇴사는 감정적인 선택만 아니라면 오히려 좋은 기회를 가져올 수 있다.

어떻게 쉬고 다시 도전할까?

"퇴사하면 몇 개월간 운동도 하고 취미 활동도 하면서
천천히 이력서를 업데이트하려고요.
그러면서 새로운 포지션을 찾아 지원하려고 합니다."

선퇴사를 결정한 사람들에게 앞으로의 계획을 물어보면 대부분 위와 같이 답변한다. 지칠 대로 지친 심신을 회복하고 그간 하고 싶던 즐거운 일을 찾아보며 재충전을 하는 계획은 매우 훌륭하다. 그동안 바쁜 업무에 치여 이력서를 업데이트할 여력도 없었을 테고, 시장에서 어떤 사람을 찾는지 찾아볼 엄두도 나지 않았을 것이다.

하지만 많은 사람이 퇴사와 이직 사이의 시간을 마음 편히 즐기지 못한다. 아닌 사람도 있지만, 가고 싶은 회사가 보이지 않거나 그간 쌓은 경력이 생각보다 경쟁력이 없어서 재취업 기간이 예상보다 길어지다 보니, 당혹감과 불안감에 휩싸이는 사람이 많다. 자유만 주어진다면 여행도 가고 운동도 하려고 했던 계획이 무기력함에 흐지부지 되는 경우도 있다. 괜히 성급한 결정을 한 것은 아닌지 후회하는 사람도 많다.

이왕 과감하게 퇴사하고 당분간 쉬기로 결정했다면, 우선은 정말 아무 생각 없이 쉬는 것을 권한다. 어떤 사람에게는 그 시간이 며칠이면 충분할 수 있겠지만, 몇 개월이 되어도 괜찮다. 충분히 자신의 심신을 회복하고 제대로 자신과 마주하는 게 중요하다. 본인이 원하는 바와 나아가야 할 방향은 앞에서 언급한 대로 퇴사 전 충분히 고려해야 하지만, 당장은 그 환경에서 벗어나서 자신의 마음의 소리를 듣는 것이 더 필요할 수 있다. 출퇴근 거리가 표면적인 퇴사의 이유였지만 그것보다 자신을 더 불편하게 했던 부분이 있지 않았는지를 회사를 떠나 생각하면, 보다 정확하게 볼 수 있다. 자신과 솔직한 대화를 꼭 해보기를 당부한다.

이력서 재정비나 채용 공고 검색도 본인이 준비가 되었을 때 하면 된다. 그냥 쉬는 게 불안한 사람은 퇴사 직후부터 적극적으로 준비하면 되고, 마음을 정리할 시간이 필요한 사람은 그 시간을 충분히 가져야 한다. 급하게 서두르느라 충분히 생각하지 않으면 출퇴근 거리는 해결할 수는 있어도 자신의 성향과 맞지 않는 회사를 선택하는 실수를 범할 수 있다.

주변의 반응에도 민감하지 않아야 한다. 정오가 다 되어 일어나는 자신의 모습에 한숨을 쉬시는 부모님이 불편해서 떠밀리

듯 이직을 준비하다 보면 실수가 발생하기 마련이다.

　선퇴사로 공백이 길어질수록 재취업에 대한 불안감이 커지는 게 당연하다. 솔직히 긴 공백이 경력에 가점이 되는 것은 당연히 아니다. 일반적으로 공백 기간이 1년 이상이면 면접에서 많은 설명이 추가적으로 필요할 수도 있고, 기업에 따라서 이를 부정적으로 평가할 수도 있다. 하지만 생각보다 큰 하자도 아니다. 더 중요한 것은 같은 실수를 반복하지 않는 것이다. 급한 마음에 충분히 검토하지 않고 재취업을 시도하다 보면 이직의 목적이 불분명해질 수 있고, 예상치 못했던 이유로 재퇴사를 고민하게 될 수도 있다. 불안감에 퇴사와 이직 사이의 기간이 짧은 게 이상적으로 보이겠지만, 앞으로 몇 년 간 자신의 꿈을 펼쳐나갈 기회를 시간 압박으로 놓치지 않기를 바란다.

　본인이 필요하다면 선퇴사 후 쉬어도 괜찮다. 자기 자신과 솔직한 대화를 통해 선퇴사를 결정했다면 그 용기의 크기만큼 주어진 시간도 행복하게 고민하기를 바란다.

자신과 잘 맞는
산업, 기업, 직무 찾기

이직의 고민을 시작하는 순간부터 많은 사람이 구인구직 사이트를 접속할 것이다. 대부분 현재 직장에 대한 불만이 미래에 대한 계획보다 더 중요하기 때문에 탈출구를 찾는 것이다.

하지만 수많은 채용 정보를 살펴보다 보면, 정작 자신이 갈 수 있는 곳이 생각보다 없다. 평소에 가고 싶던 회사를 찾아보면 자신의 경력과는 무관한 직무를 채용하고, 자신이 할 수 있는 직무를 찾는 회사는 이름을 처음 들어본 회사인 경우도 많다. 이렇게 분명 수많은 기업이 인재를 찾고 있는데 정작 자신이 정말로 가고 싶고 갈 수 있는 회사를 찾기가 어렵다.

당장 회사를 그만두고 싶은 마음이 든다면 예전에 정리해둔 이력서를 꺼내보자. 지금 회사에서 수행한 업무까지 반영하다 보면, 생각보다 더 많이 쌓여 있는 업무 경험이 눈에 들어올 것이다. 우선은 메모하듯 수행했던 일을 나열해보자. 그러면 반복되는 키워드가 있을 것이다. 그것이 본인이 이직을 시도할 때 중심이 될 핵심 키워드다.

자신의 역량과 관심 분야를 정확하게 파악하기

A의 사례를 들어 설명하겠다. 국내 10대 그룹사에서 신규 사업 전략 업무를 4년째 수행하고 있는 A는 그룹 계열사들의 미래 먹거리를 찾는 업무를 하고 있다. 그룹사 특성상 다양한 산업군을 가지고 있기에 여러 산업을 두루두루 살펴야 하니, 특정 산업에 대한 전문성을 쌓을 수 없다는 게 A의 큰 불만이다. 그리고 매번 신규 사업만 검토하다 보니 실제로 사업을 수행하는 역할을 해보고 싶은 마음이 커져 이직을 결심하게 되었다.

A는 4년간 발전 가능성이 있는 신규 사업들을 20건 정도 검토했는데, 실질적으로 채택된 사업은 1건뿐이라는 사실을 확인하고 이직 열망이 더욱 커졌다. 그동안 열심히 했다고 생각했는데 성과가 저조한 것 같아 속상했다. 하지만 그동안 시장과 사업 타당성을 검토하며 얻은 다양한 산업에 대한 인사이트와 분석 역량은 주목할 만하다. 또한 기존 사업과의 시너지 및 재무적 검토 경험도 충분히 쌓였을 것이다. 여기서 뽑아낼 수 있는 A의 역량 키워드는 시장 조사, 사업 타당성 검토, 사업성 분석, 재무 분석이다.

A가 그동안 검토했던 20여 건의 신규 사업 중 가장 흥미로웠던 산업군을 추려보면 무엇을 이직의 목표로 삼을지 조금 더 명확해진다. B2B와 B2C 사업을 모두 하고 있는 그룹사에서 A는 식품, 화장품, 유통 등 소비재 신규 사업을 검토했을 때 가장 흥미를 느꼈다. 라이프스타일 플랫폼 신규 사업을 검토했을 당시 다양한 기업과 시장 현황을 조사하고 투자 비용, 확장 방식에 대한 기획을 수립해봤다면 여기서 뽑아낼 수 있는 A의 역량 키워드는 라이프스타일과 플랫폼이다. 조금 더 확장한다면 채널, 유통, 커머스 등도 뽑을 수 있다.

이직 준비의 첫 단계부터 이력서를 완벽하게 업데이트할 필요는 없다. 자신이 할 수 있는 것과 하고 싶은 것을 정확하게 파악해야 이직 시장에서 좋은 기회를 효율적으로 찾을 수 있다. 일단 그동안 수행했던 업무를 나열해보자. 그중 자신의 마음을 이끄는 키워드를 정리하고 선택해보는 재료 준비 단계가 꼭 필요하다.

자신에게 맞는 산업과 기업 찾기

주요 키워드들이 정해졌다면 본격적으로 어떤 기업이 어떤 인재를 찾고 있는지 검색을 시작하면 된다.

먼저 산업군을 기반으로 검색하기를 권한다. 바로 여러 구인 구직 사이트를 돌아보는 것도 좋지만, 먼저 여러 보도자료를 살펴보기를 적극 권한다. 시장 상황 및 주목받는 기업들, 투자 현황 및 미래 전망을 검토하며 자신의 미래를 그려보는 과정이 필요하기 때문이다.

A는 신규 사업을 검토하며 가장 흥미로웠던 '라이프스타일 플랫폼'을 선택했다. 가장 많이 검색되는 정보는 A가 신규 사업

도입을 검토하면서 가장 많이 참고했던 업계 1위 기업이었다. 이 기업이 투자하고 사업을 키워가는 방식과 산업 규모 및 앞으로의 시장 전망에 대한 기사를 계속 검색하다 보니, 이 기업이 업계에서 너무 압도적이라 다른 기업들의 환경이 녹록치 않겠다는 생각이 들었다. 그렇다면 A는 이 기업의 채용 공고를 찾아보면 되지 않을까? 하지만 A는 지금 있는 곳과 비슷한 다른 대기업으로의 이동은 의미 없다고 판단해 다른 기업으로 눈을 돌려보기로 했다.

계속해서 라이프스타일 플랫폼 기업들을 찾다 보니, 사업 범위도 생각보다 다양하다는 것을 알 수 있었다. A가 신규 사업을 검토했을 때보다 뷰티, 패션, 식품, 통신, 인테리어, 호텔 등 더 다양한 품목을 취급하는 기업이 많아졌다. 이미 잘하고 있는 기업도 있고, 새롭게 투자를 유치한 신생 기업도 있었다.

자신이 어떤 형태의 기업과 잘 맞는지, 내손으로 사업 초기부터 만들어가는 것을 좋아하는지 혹은 어느 정도 규모가 있는 기업에서 사업을 확장시키는 것을 좋아하는지를 이 단계에서 고민하다 보면, 목표로 삼을 기업을 몇 개로 추릴수 있을 것이다.

채용 공고 분석하고
자신에게 맞는 직무 찾기

산업과 기업이 어느 정도 정해졌다면 본격적으로 이러한 기업이 어떤 인재를 찾고 있는지 채용 공고를 검색하면 된다. 기업 기반의 검색과 본인의 역량 키워드 기반의 검색은 각각 장단점이 있으니 자신에게 맞는 방식을 먼저 선택하면 된다. 기업 기반의 검색은 본인의 키워드와 공통점이 있는 다양한 포지션을 검토해볼 수 있을 뿐만 아니라 인재 채용을 통해 기업이 나아가고 있는 방향성을 볼 수 있다는 장점이 있다. 자신의 경력과 역량 위주로 검색한다면 자신이 미처 알지 못했던 기업들의 정보를 습득할 수 있기 때문에, 선택의 폭이 넓어진다.

A는 미리 정해놓은 기업들을 먼저 검색하기 시작했다. 검색해보니 다양한 인재를 채용 중이었고, 현재 업무와 비슷해 보이는 업무도 많아 보였다. A는 평소 관심이 많던 인테리어 플랫폼 기업에서 자신의 역량 키워드인 '시장 조사' '사업 타당성 검토' '사업성 분석' '재무 분석'을 기반으로 2개의 비슷한 포지션을 찾았다.

포지션 1. 신규 사업 프로젝트 오너 Product Owner, PO

- 주요 업무

  - 신규 사업 검토 및 전략 수립

  - 신규 사업 관련 콘텐츠와 커머스 전략 수립

  - 시장 조사 및 경쟁사 벤치마킹

  - 기타 전사 전략 과제 추진 및 관리

- 자격 요건

  - 5년 이상의 전략 기획 또는 사업 개발 경험 필수

  - SQL을 활용한 데이터 추출 및 분석 역량 필수

  - 전략적 문제 해결 및 논리적 사고 역량

  - 대내외 다양한 이해관계자와 원만하게 의사소통을 할 수 있는 역량

  - 이커머스, 가구, 가전 산업에서 직·간접적인 근무 경험 우대

포지션 2. CEO Office, 전사 전략 담당

- 주요 업무

  - 신규 사업 검토 및 전략 수립

  - M&A 검토 및 전략 수립

  - 마켓 인텔리전스 Market intelligence 기반 인사이트 도출

- 데이터 분석 기반 주요 사업 검토 및 운영 개선

- 해외 사업 지원

• 자격 요건

- 5년 이상의 신규 사업 검토, 사업 전략 수립 및 투자 검토, 실행 업무 경험 필수

- 전략 컨설팅 또는 전략 기획팀에서의 업무 경험

- 대내외 다양한 이해관계자와 원만한 의사소통을 진행할 수 있는 역량

- 다양한 산업의 조사 경험과 데이터 분석 기반 의사결정 역량

- 신규 사업을 검토해서 발굴하고 직접 운영해본 경험 우대

- 원활한 영어 활용 역량 우대

위 내용은 직무기술서Job Description, JD라고 하는데, 직무기술서는 조직에서의 담당 업무와 자격 요건이 중요한 순서대로 나열된 경우가 많다. 보통 직무기술서 작성자가 해당 조직의 책임자인 경우가 많기 때문에, 어떤 인재를 찾고 있는지 순서대로 비중을 두면 업무를 쉽게 이해할 수 있다. 두 포지션 모두 '신규 사업 검토 및 전략 수립'이 가장 첫 번째 줄에 기재되어 있지만 두 번째 줄에 적힌 업무부터 확연한 차이가 있다.

포지션 1은 기존에 진행하고 있는 플랫폼 사업을 기반으로 한 콘텐츠 기획 및 전략을 수립하는 업무이고, 포지션 2는 신규 사업이나 M&A를 통한 사업 전략 업무다. 앞서 정리한 A의 역량 키워드와 기존에 담당했던 업무는 포지션 2와 좀 더 가깝다.

직무기술서 검토 시 합격을 위한 검토를 하는 게 아닌지 스스로에게 질문해야 한다. 경력 개발의 연속성이 물론 중요하지만 현재 직무에 만족하고 있는지, 아니면 변화를 주고 싶은지 자신에게 물어봐야 한다. 또한 A의 불만이었던 수많은 신규 사업 검토 이후 실질적으로 사업이 실행되지 않았던 부분이 이직하려는 곳에서 해소할 수 있는지도 검토해야 한다. 이는 직무기술서만으로 판단할 수는 없기 때문에 기업이 성장하고자 하는 방향과 재무적 상황, 시장 상황도 함께 검토해야 한다. 포지션 2는 A가 지금 담당하고 있는 업무와 크게 차이가 있어 보이지 않는다.

자격 요건 역시 일반적으로 중요한 순서대로 나열되기 때문에 필수 자격 요건이 부족하다면 본인과 맞지 않은 포지션일 가능성이 크다. 그렇다면 5년 차 이상의 경력이 필수인 포지션 2에, 4년 차인 A는 지원할 수 없는 것일까? 기업에 따라 다르겠지만, 지원자의 역량과 경험을 더 중요하게 판단해 유연하게 검토하는 기업이 늘어나는 추세이므로, 연차가 조금 부족해도 지원해 볼 수 있다. 하지만 SQL 활용 경험이 부족하다면 아마 합격 가능성은 낮을 것이다. 우대 조건 역시 해당 사항이 없다고 미리 겁먹지 말자. 말 그대로 우대 사항이기 때문에 충족하지 못해도 괜찮다. 대신 본인의 경쟁력을 더 강조하는 지원 서류 작성 전략은 필요하다.

관련 직무 경험은 다소 부족할 수 있으나 관련 산업과 플랫폼 기업에 관심이 있고 보다 실무적인 역할을 수행하고 싶어 하는 A는 포지션 1이 좀 더 끌린다. 하지만 자격 요건을 살펴보면 A의 강점은 포지션 2에 유리하다. 이럴 때도 자신과 솔직한 대화를 해보기를 권한다. 지금 변화를 주고 싶은 부분이 직무인지, 산업군인지, 기업의 형태인지 등 다양한 사항을 함께 검토하는 게 중요하다.

여러 기업의 채용 공고를 분석하는 것은 산업의 흐름 및 현재 시장에서 기업이 공통적으로 찾고 있는 인재상을 파악하고 목표로 삼을 회사를 추리는 데 활용할 수 있다. 또한 본인이 이직하고 싶은 이유에 대해 자신과 좀 더 솔직한 대화를 시작할 수 있는 계기가 되기도 한다. 때로는 지금 당장 짜증나는 이 상황을 탈출하기 위한 스트레스 해소용이 되기도 한다.

　가능한 한 관련된 많은 정보를 수집해보자. 본인이 정말 원하는 것과 시장이 원하는 것의 접점을 현명하게 찾을 수 있을 것이다.

이직 전에 검토해야 할
외부적 요소

"좋은 기회라면 이직을 검토하실 의사가 있으십니까?"

좋은 기회란 무엇일까? 사실 기회를 평가하는 기준이 제각각 다르기 때문에 누가 대신 답해줄 수 없지만 몇 가지 판단 기준으로 답을 찾아갈 수 있다. 경력 개발, 시장 상황 등 객관적 기준으로 판단할 수 있는 외부적 요소와 자신과 좀 더 솔직한 대화를 통해 결정해야 할 내부적 요소들을 조합해 본인만의 이직 사유를 만드는 게 매우 중요하다. 이를 기반으로 이직을 진행해야 긍정적인 결과를 얻을 수 있기 때문이다. 먼저 상대적으로 쉽게 답을 얻을 수 있는 외부적 요소를 살펴보자.

시장 현황과 향후 미래

이직 시장을 정확하게 파악하고 미래를 예측하는 것은 상당히 어려운 일이지만 이직을 검토할 때 반드시 선행되어야 하는 일이다. 지난 몇 년간 그 누구도 예측하지 못했던 코로나19 팬데믹 환경에서 금융, 유통, 서비스 등 다양한 산업의 플랫폼 기업들은 급성장을 했다. 많은 기업이 혁신적인 업무 환경과 파격적인 대우를 제안하며 뛰어난 인재 확보 전쟁에 뛰어들었다. 발전 가능성 및 투자 여력이 있는 주요 기업들에 이러한 흐름은 한동안 지속되었다.

그런데 전쟁, 미국의 연이은 금리 인상 등의 불안한 국제 정세로 경기가 침체되면서, 코로나19 팬데믹 때 활발했던 투자 시장은 오히려 침체되고 있다. 코로나19 팬데믹 동안 시장에 풀린 많은 돈이 활발한 기업 투자로 이어졌고 많은 기업이 IPO

를 준비했지만, 단 몇 개월 사이에 급격히 상황이 변했다. 많은 기업이 세웠던 진취적인 계획을 잠시 보류하고 있다. 외형 성장에 집중했던 기업들의 출혈 경쟁이 잠시 둔화되고 있는 상황이지만, 이러한 시기에 오히려 투자를 늘리는 기업도 있다. 이직 검토 시 이러한 시장 상황을 인지하고 있다면 큰 도움이 될 것이다.

뜨고 지는 산업에도 관심을 둬야 한다. 코로나19 팬데믹과 부동산 시장 호황 속에서 급부상했던 라이프스타일과 가전 산업은, 금리 인상 및 인플레이션으로 어려운 시기를 맞이할 것이다. 코로나19 팬데믹 때 팬데믹 특수 효과를 톡톡히 누린 배달 앱이나 OTT^{Over The Top}(인터넷으로 각종 미디어 콘텐츠를 제공하는 서비스) 산업도 새로운 돌파구를 찾아야 한다. 반면 항공, 여행, 화장품 등 엔데믹으로 수혜를 입는 리오프닝 산업은 활발한 인재 채용이 기대된다. 평소 이러한 산업에 관심이 많았다면 보다 자세히 살펴볼 필요가 있다.

이 외에도 달러 강세 시장 속에서 수출입 기업의 전망, 활발한 기술 투자로 사업을 확장하고 있는 제조업 환경 등 전반적인 시장 현황을 파악하다 보면, 자신의 관심 기업 및 산업으로의 이직 전략을 세워볼 수 있다. 직접 채용 공고를 검색해보는 것도 좋지만, 평소 관심 있는 기업들의 보도자료나 산업 보고서 등을 적극 활용하기를 권한다.

현재 속한 직장과
직업군의 발전 가능성

앞으로 뜨는 직업을 검색하라는 이야기가 아니다. 자신이 몸담은 조직이나 담당하고 있는 업무가 향후 시장 변화에 대응하기 위해 어떤 방향으로 향하고 있는지를 파악하는 것이 중요하다는 말이다.

오랜 기간 특별한 발전도 없었지만 안정적으로 사업을 유지한 기업에서 일하는 것이 본인의 성향과 맞다면 계속 있어도 괜찮다. 하지만 시대의 흐름을 따르지 못해 하향세를 타는 경우 위기의식은 커질 수밖에 없다. 경제적, 사회적 변화에 따라 뜨는 직업도 있고 지는 직업도 있으며, 아예 새로운 직업이 생겨나기도 한다. 그런데 이런 변화 속에서 자신의 직업이 몇 년 안에 사라질 직업이라면? 위기의식에 더욱 마음이 급해질 수밖에 없다.

급변하는 시장 환경에서 아무런 대책을 세우지 않고 변화에 소극적인 조직이라면 당장은 아니더라도 매출, 영업 이익률의 하락 등 부정적인 미래를 예측할 수 있는 증상이 나타날 것이다. 더군다나 이런 상황에서 본인이 맡고 있는 업무가 쉽게 기계나 디지털 장비로 대체될 수 있다면, 대체 불가능한 자신의 역량에 대한 정의와 부족한 부분에 대한 보완이 빨리 이뤄져야 한다.

기업이나 직업군의 흥망성쇠의 흐름에 맞춰 전략을 세우는 것은 중요하지만, 그렇다고 무조건 트렌드에 따라 움직이는 것도 좋은 전략은 아니다. 흔히 이야기하는 요즘 뜨는 직업, 회사의 발전 가능성만 보고 이직을 결심할 일은 아니다. 자신이 잘할 수 있는 일인지, 더 중요한 건 자신이 하고 싶은 일인지를 정확하게 파악해야 한다.

또한 특정 직업이나 산업이 완전히 없어지기는 어렵다. 물론 새로 생기거나 각광받는 직업군이 많지만, 기존 기능이 환경에 맞게 진화하고 있는 게 대다수다. 그러므로 자신의 성향과 업무 간 본질의 합에 더욱 집중하며, 앞으로 자신의 성장 가능성을 더욱 높여줄 수 있는 직업과 산업을 검토하는 것이 중요하다.

조직 내에서의 역할과
발전 가능성

각종 사이트와 커뮤니티에서 여러 기업에 대한 정보를 쉽게 얻을 수 있는 시대이다 보니 자신이 다니는 회사와 맡은 업무들이 상대적으로 못나 보일 때가 있다. 기업 환경 변화에 따른 직무의 다양화가 가속되면서 회사 밖은 바쁘게 돌아가고 있는데 자신만 경직된 조직에서 발전 가능성이 없어 보이는 일을 반복하고 있다는 생각이 든다면 당연히 이직을 고민할 수밖에 없다. 이 때 막연히 다른 기업이 더 좋아 보이는 착각에 빠지지 않으려면 가능한 한 정확하고 많은 정보를 수집해야 한다. 여러 기업의 업무 분장이나 팀워크 등 기업문화를 조사해보거나 직무를 검토해보면, 방향성을 잡을 수 있다.

현재 재직 중인 회사 자체는 나쁘지 않더라도 자신이 수행하고 있는 업무에 변화를 주고 싶은 경우가 있다. 예를 들어 오프라인 마케팅을 수 년째 담당하고 있다면, 요즘 대세인 디지털 마케팅이나 퍼포먼스 마케팅을 경험하고 싶을 수 있다. 조직 내부에는 이미 담당자들이 있고 그들에 비해 자신은 관련 경험이 부족하기 때문에 내부 이동이 어려워 보인다면, 이직을 검토할 수 있다. 비슷한 마케팅 범주에 속하니 쉽게 자리를 찾을 수 있을 것 같지만, 막상 채용 공고를 살펴보면 자신이 그동안 해온 업무와 차이가 클 것이다. 이런 경우라면 그동안 쌓아온 경험을 발휘하면서 업무 변화를 줄 수 있는 교집합을 찾는 게 좋다. 부족한 전문 지식이 있다면 교육 등으로 부족한 부분을 보완해가며 단계적으로 업무 변화를 주는 방법을 추천한다.

조직의 규모와 운영 방식에 따라 자신과 맞지 않는 부분을 개선할 수 있다. 업무 분장이 명확하게 구분되어 있는 대기업에 재직하고 있다면, 특정 업무의 스킬과 경력만 쌓을 수 있다. 본인이 다양한 업무를 수행하고 싶다면 규모가 작은 조직, 혹은 업력이 길지 않아 새롭게 사업 구조를 만들어가야 하는 조직을 검토해볼 수 있다. 반대로 규모가 작은 조직에 재직 중이라면, 인력 부족으로 너무 다양한 역할을 수행하고 있거나 잦은 보직 변경으로 전문성 결여를 걱정할 수 있다. 자신의 경력을 분석하며 자신이 가장 잘할 수 있는 일과 하고 싶은 일이 무엇인지 키워드를 뽑아서 그 일에 집중할 수 있는 채용 공고를 찾아보면 답이 보일 것이다.

평균 근속 연수가 길거나 규모가 큰 조직에서 근무하다 보면, 자신의 위로 층층이 쌓여 있는 선배들 때문에 승진이 느려지거나 조직 관리 경험을 쌓기 어려울 수 있다. 시간이 지날수록 본인과 연차, 경력 등이 비슷한 타 조직의 재직자들에 비해 낮은 직급 때문에 이직 시장에서 경쟁력이 떨어지는 것은 아닐지, 이직하더라도 불리한 조건으로 협상해야 하는 것은 아닌지 불안하기도 하다. 하지만 크게 걱정하지 않아도 된다. 이직 사유가 직급 상승 때문이라면 그러한 조건을 제공해 줄 수 있는 곳을 찾으면 된다. 본인과 비슷한 연차인 타 조직 재직자들과 비교해보는 것도 도움이 될 수 있다. 다만 단순히 직급 상승에만 중점을 두다 보면 선택의 폭이 좁아질 수도 있고, 더 중요한 업무 내용이나 본인의 성향을 간과할 수 있으니 다각도로 검토해야 한다.

이와 같이 외부적인 요건들을 검토할 때 많은 정보를 수집하는 게 중요하다. 산업 전반, 시장 상황, 타 기업들의 업무 방식 및 조직문화 등에 대한 정보를 분석하면 본인이 이직하려는 이유를 객관화할 수 있고 이직 준비 방향성이 보일 것이다.

여기서 중요한 것은 최대한 주관적인 견해는 배제해야 한다는 것이다. 본인의 감정이나 개인적인 상황 등 내면의 이유에만 집중하면 안 된다. 보다 냉정한 시야가 필요하다. 급한 마음에 채용 공고만 검색하다 보면 이직 후 예상치 못했던 문제에 봉착

할 수 있다. 전반적인 시장 상황, 산업과 직무의 현황 및 전망, 목표로 하는 기업의 업무 환경 및 조직문화 등에 대한 객관적인 자료는 이직 준비 과정에서 든든한 친구가 되어줄 것이다.

이직 전에 검토해야 할
내부적 요소

이직을 결심하게 하는 외부적 요소는 객관적인 자료나 상황을 분석해서 결정할 수 있기 때문에 오히려 판단하기 쉽다. 하지만 자신의 마음속 깊은 곳에서 올라오는 고민거리들은 지극히 주관적이기 때문에 누가 대신 답을 내려줄 수는 없어 상대적으로 판단이 쉽지 않다. 대부분 이직 고민은 사소한 부분에서 시작하기 마련이고 사실 이는 지극히 정상이다. 다만 욱하는 마음에 쉽게 결정을 내린다면 후회할 가능성이 높으니, 이성적으로 차근하게 살펴볼 필요가 있다.

일보다
사람이 힘들 때

세상 모든 사람이 내 마음에 들리 없다. 조직 내부에도 자신과 유난히 마음이 잘 맞는 사람이 있을 것이고 불편한 사람도 있을 것이다. 불편한 사람이 있어도 대부분 '사회생활이 다 이렇지' 하면서 받아들일 것이다. 하지만 사람 때문에 회사 생활이 너무 괴롭고 업무 수행에 부정적인 영향이 있는데도 계속 참고 다니는 것이 답일까?

업무 자체보다 사람 때문에 스트레스를 호소하는 사람이 많다. 대부분 업무 관련 문제는 해결 방법이 뚜렷하지만 사람 문제는 아니다. 나에게만 유난히 엄격한 상사, 나만 보면 부정적인 이야기만 늘어놓는 동료, 진심을 다해 업무를 가르쳐줬지만 나의 욕을 하고 다니는 후배 등 업무 환경이 괜찮다고 해도 사람 하나가 모든 것을 부정적인 기운으로 덮을 수 있다.

사람 때문에 이직하는 것은 괜찮다. 다만 다른 이직 사유보다 이성적으로 접근할 필요가 있다. 사람 스트레스는 업무의 고통보다 훨씬 감정적이기 때문에 정확한 판단을 하기 힘들 수 있기 때문이다. 조직에 속한 이상 사람 때문에 스트레스를 받는다면 업무에 영향이 있을 수밖에 없다. 무조건 참는 게 답은 아니지만, 그렇다고 감정만으로 결정을 내리는 것은 근본적인 해결 방법은 아니다.

저 사람만 없으면 지금 회사를 행복하게 다닐 수 있을지 자신과 솔직한 대화를 해보면 어떨까? 앞으로의 회사 전망이나 담당업무에 만족한다면 이직 고민은 더욱 커질 것이다. 본인의 성향에 맞게 판단하면 된다. 본인이 스트레스를 받더라도 업무에만 집중할 수 있는 성격이라면 어렵지만 버티면 된다. 반대로 대인관계 스트레스로 매일 상처받고 불편한 상황이 계속되어 견딜수 없다면, 긍정적인 회사 미래와 경력 개발이 뭐가 그렇게 중요할까? 결국은 모든 것에 악영향이 미칠 수밖에 없다. 본인의 행복이 우선이다.

도저히 자신과 맞지 않는 기업문화

헤드헌터로 일하다 보면, 소위 정말 좋은 회사에 재직 중이어도 기업문화 때문에 이직을 고민하는 경우를 많이 보게 된다. 업계를 주도하고 있는 기업이라면 대부분 좋은 기업문화가 있을 거라 생각하지만, 자신과 맞지 않다면 적어도 자신에게는 좋은 문화가 아니다.

대부분의 국내 기업은 아직도 수직적인 조직을 고수하고 있고 우리도 이런 문화에 익숙하다. 이는 많은 직장인에게 피로감과 불편함을 줄 수 있다. 좋은 연봉과 복지를 누리면서 수직적인 조직이 답답하다고 이직을 고민한다는 말에 주변에서 철없는 생각이라고 조언할 수 있지만, 물리적 장점보다 심리적 만족이 필요하다면 당연히 이직을 고려해볼 수 있다. 물론 안정적인 대기업에서 스타트업 등 유연한 조직으로의 이직이 쉬운 결정은 아니지만, 본인의 성향이나 추구하는 가치에 맞다면 우선 도전해보라고 권하고 싶다. 대신 다시 돌아오고 싶을지도 모르니, 그때를 대비해 본인의 핵심 역량과 차별화된 스킬을 강화하는 데 집중해 경쟁력을 갖추는 것이 중요하다.

반대로 유연하고 수평적인 조직문화가 불편한 사람도 있다. 직급 대신 서로 영어 이름을 쓰는 게 어색할 수 있다. 사적인 대화를 지양하는 조직이 편하지만, 그러한 조직의 조직원들은 개인적 성향이 강하다 보니 회사 적응이나 유대감 형성이 어려울 수 있다. 혼자 계속 일을 찾아야 하고 책임을 오롯이 혼자 지는 것도 익숙하지 않을 수 있다. 이런 것들이 자신의 성향과 맞지 않는다면 전통적인 수직적 조직으로 돌아가는 것을 고려해도 괜찮다.

일하기 좋은 환경을 만들기 위해 수년간 노력해온 기업들의 직원 만족도는 대부분 높다. 하지만 정작 본인이 불편하다면 무슨 소용일까? 다른 점이 모두 마음에 든다고 해도, 기업문화가 자신과 맞지 않는다면 그러한 장점들은 시간이 지나가면서 희석될 수밖에 없다. 물론 자신과 맞지 않는 점이 하나씩 발견될 때마다 회사를 뛰쳐나올 수는 없다. 하지만 하루의 대부분을 보내는 곳이 매일 불편하다면 그게 어떠한 이유이든 이직을 고민해도 전혀 철없는 생각이 아니다.

개인의 삶을 보장하는 워라밸

최근 몇 년간 MZ세대의 이직 사유로 손꼽히는 워라밸은 사실 MZ세대에게만 중요한 게 아니다. 단순히 MZ세대가 오래 일하기를 싫어해서 워라밸이 급부상한 게 아니다. 이상적인 개념으로 봤을 때 일과 삶의 균형은 우리가 일을 더 즐겁고 생산적으로 할 수 있게 하고 무엇보다 건강한 경력 개발을 지속 가능하도록 한다. 하지만 워라밸을 위해서 포기해야 하는 부분도 분명히 있기 때문에, 많은 사람이 고민할 수밖에 없다.

워라밸 때문에 이직을 고민하는 경우에는 연봉을 낮추더라도 개인 시간이 충분히 보장되는, 다시 말하면 업무 강도가 높지 않은 기업을 고려할 수 있다. 물론 워라밸과 처우 모두 좋은 기업이 존재하지만, 워라밸이 좋다는 기업은 연봉을 포기해야 하는 경우가 많다. 본인의 상황과 성향에 따라 많이 벌지 않더라도 개인 시간에 재테크 공부나 취미 생활, 온전한 휴식을 하는 게 중요하다면 이직을 하는 게 맞다. 육아나 학업 등 본인 일상에 일정 시간을 투자해야 하는 부분이 있다면 당연히 상황과 타협해야 한다.

우선순위는 본인이 처한 환경에 따라 바뀔 수 있다. 사회 초년생 때 경력 개발과 성장 가능성을 우선시하던 사람도 경력이 쌓이면 연봉이 더 중요해질 수도 있고, 결혼과 출산 등 환경의 변화에 따라 개인 시간이 더 필요해질 수도 있다. 연차가 쌓일수록 근무 지속 가능성이 가장 중요해질 수도 있다. 그렇기 때문에 워라밸이 지금 당장은 중요하더라도 좀 더 멀리 볼 수 있어야 한다.

단, 워라밸을 단순히 편하고 여유롭게 일할 수 있는 개념으로 생각하는 것은 조심해야 한다. 워라밸만 생각할 게 아니라 워라밸과 다른 요소들과의 균형이 중요하다. 몸 편한 것을 우선순위로 두면 단순히 연봉만 포기하는 것이 아니라 역량 개발도 함께 포기하는 것일 수도 있다. 의미 없는 야근이나 조직문화 때문에 개인 시간이 보장되지 않는 것과는 다른 이야기다. 지금은 워라밸이 무엇보다 중요할 수 있지만 연차가 쌓이는 만큼 역량이나 경쟁력은 쌓이지 못할 수도 있기 때문이다. 반면 건강, 소중한 사람들과의 시간 같은 일상의 행복을 다 포기하면서 업무에 매진하는 것 또한 바람직한 모습은 아니다. 말 그대로 일과 삶의 균형Work-Life balance이 필요하다.

만족할 만한 처우 조건

2023년 〈매일경제〉와 채용 플랫폼 '캐치'가 실시한 조사에 따르면, Z세대가 이직 시 가장 우선시 하는 것은 연봉이라는 결과가 나왔다. 안정성보다 당장 손에 쥘 수 있는 돈이 더욱 중요해지는 건 현 사회 분위기와 무관하지 않다. 불안정한 경제 상황과 치솟는 물가도 원인이지만 무엇보다 직업, 기업 간 연봉 격차가 점점 더 벌어지고 있다는 사실이 이러한 현상을 가속화하고 있다.

같은 산업군에 있는 기업이라고 해도 규모나 매출에 따라 연봉 및 복리후생 격차가 크게 벌어지기도 한다. 동종 업계에서 비슷한 일을 하는데 자신과 연봉 차이가 크다면, 당연히 자괴감이 들 수밖에 없다. 돈 때문에 이직을 고민하는 것은 너무나도 당연하다.

설사 이직의 이유가 오직 돈이라도 괜찮다. 면접 시 연봉 때문에 이직한다는 답변이 모범 답안이라고 볼 수는 없지만, 본인의 가치관은 그 누구도 비난할 수는 없다. 하지만 현명하고 건강한 접근 역시 필요하다. 연봉이 현재 자신의 가치를 나타내는 유일한 지표는 아니지만, 가장 먼저 눈에 띄는 평가표인 것은 사실이다. 그래서 이직이 성공적인지 판단하는 데 가장 중요한 평가표가 될 수도 있지만, 이직을 연봉 상승의 도구로만 사용하는 것은 다시 생각해봐야 한다. 연봉만큼 본인의 성장 목표와 방향도 함께 살펴봐야 한다. 그뿐만 아니라 앞서 이야기한 워라밸 등 여러 유무형 가치도 함께 고민해봐야 한다.

이직의 이유는 다양하다. 다른 사람에게는 중요하지 않더라도 자신이 절대 포기할 수 없는 것이 있다면 본인에게는 그것이 가장 정당한 이직 사유일 것이다. 다만 자신에게는 솔직해야 한다. 모두가 수긍하고 잘 지키는 회사 규칙이지만 자신에게는 견디기 힘들 만큼 큰 답답함이 느껴진다면 떠나면 된다. 사람 때문에 마음고생하며 본인의 재능을 낭비할 필요가 없다. 성장 가능성은 없지만 설렁설렁 일하면서 정년이 보장된다는 것에 끌려도 된다. 왜 무기력하게 그 회사에 안주하고 있냐는 주변 사람들의 충고에도 마음이 움직이지 않으면 그냥 있어도 된다. 면접에 통과하기 위한 그럴싸한 이직 사유를 만들어내는 것이 아닌, 자신에게 솔직해야 하는 게 중요하다.

경력 개발을 위한
이직 팁

당장 현재 속한 조직에서 벗어나기 위한 이직 고민도 많지만,
좋은 경력을 만들어가기 위한 이직 시도도 많다. 필자가 이직을
고민하는 사람들에게 최근 몇 년간 지속적으로 받는 몇 가지 질
문이 있다. 몇 년 차에 이직을 하는 것이 좋은 전략이고 어떤 기
업으로 혹은 어떤 직무로 전환해야 경력에 도움이 될지에 대한
내용이다. 또한 부족해 보이는 자신의 경력을 어떻게 포장해야
하는지에 대한 질문도 많다. 완벽한 정답은 없을지라도 답을 도
출해내는 몇 가지 공통적인 방식은 있다.

몇 년 차에
이직해야 할까?

몇 년 차에 이직할지에 대한 고민은 주로 10년 차 미만의 실무급 직장인이 많이 한다. 아무리 새로운 기회가 시장에 많다 해도 이직 시기에 대한 고민은 각자의 사정에 따라 다를 수밖에 없다. 어렵게 취업에 성공했지만 입사 6개월 만에 지쳐 다른 회사로 이직하고, 다시 6개월만에 이직을 고민하는 1년 차 직장인은 또 다시 이직을 시도하는 것을 망설일 수밖에 없다. 혹은 지금 직장에 큰 불만이 없어도 3~5년은 버텨야 한다는 암묵적인 이직의 규칙도 있는 것 같아 이직을 고민한다.

하지만 공채가 없어지고 수시로 좋은 인재를 영입하는 요즘에는 한 조직에서 몇 년은 버텨야 경력에 도움이 된다는 규칙은 없어졌다고 봐도 무방하다. 승진 여부도 더 이상 기준이 되지 않는다. 보다 중요한 것은 현 조직에서 다음 조직으로 이동 시 본인의 강점으로 어필할 수 있는 경험의 유무다. 즉 본인이 수행한 업무가 기업에 단기 혹은 중장기적으로 긍정적인 영향과 이익을 가져왔는지가 이직 시기를 결정하는 지표가 될 것이다. 기획자라면 본인이 담당했던 프로젝트들이 현장에서 활용되어 기업의 성장을 이끈 경험, 예를 들어 트래픽 증가율이나 영업 이익 증가 등 수치화할 수 있는 구체적인 결과를 가져온 경험을 했다면, 그것이 본인의 자산이 되는 것이다.

사실 저연차라면 몇 개월 단위로 이직을 시도하는 게 가능할 수 있지만, 연차가 쌓일수록 어려워진다. 기업에 인내심이 없는 사람이라는 선입견을 줄 수 있을 뿐만 아니라 자신의 핵심 역량을 쌓을 수 있는 기회가 부족해질 수밖에 없기 때문이다. 그래서 3년 차 이직 규칙이 생긴 것일 수도 있다. 하지만 단순히 몇 개월, 몇 년이 중요한 게 아니라 중요한 결과들이 도출한 이후 더 좋은 조직으로 이직하는 것이 의미 있는 경력 관리법이다.

중고 신입의
현명한 선택

어렵게 취업에 성공했는데 막상 일을 시작하니 정말 자신과 맞지 않다는 걸 알아차리고 괴로워하는 직장인들이 있다. 그래서 빠른 시간 안에 퇴사하고 이직하는 게 오히려 낫겠다는 생각에 이직을 검토하게 된다. 그러나 대부분 경력직 위주로 채용을 진행하다 보니 애매한 자신의 경력으로는 지원할 수 있는 포지션을 찾기 어려울 수 있다. 그렇다고 계속 관심 없는 곳에서 적성에 맞지 않은 직무를 수행하다 보면, 자신의 경쟁력과 만족감은 점점 더 떨어질 수밖에 없다.

그러므로 자신이 쌓아온 경력과 크게 관련이 없어도 평소 관심 있는 기업에서 신입을 모집하고 있다면 일단 지원하기를 추천한다. 중고 신입으로 지원하는 것은 사람에 따라 다르겠지만 보통 3년 차 미만일 경우에 권한다. 3년 차 이상이라면 본인의 경험을 기반으로 다른 직무나 기업으로의 이동이 가능한 방법이 있기 때문이다.

중고 신입 지원자들이 필자에게 공통적으로 많이 하는 질문 중 하나가 일단 퇴사 먼저 하고 재취업 준비를 본격적으로 할 것인지, 아니면 재직 중 도전을 할 것인지에 대한 내용이다. 어떻게 도전할지는 본인의 선택이다. 지금 다니는 회사 때문에 정신과 신체 건강을 해칠 정도로 스트레스가 많다면 퇴사 먼저 하고 도전해도 된다. 경력직 채용에서는 아무래도 공백이 없는 사람에게 가점을 주는 기업들도 있지만, 이 경우는 신입 지원이므로 해당되지 않기 때문이다.

중고 신입으로 지원할 때 경력을 기재하지 않는 것이 맞을까? 정답은 아니다. 사실을 기재하지 않는 것도 허위 기재다. 오히려 중고 신입만의 장점을 어필하는 소중한 자료로 활용해 보기를 권한다. 일반 신입 지원자에게는 없는 사회생활 경험과 실무 경험은 채용 담당자들에게 어필할 수 있는 장점이다. 그리고 경력은 본인이 버린다고 버려지는 게 아니다. 대단한 경력을 가진 사람들도 그동안의 경험이 모두 쌓여서 본인의 스토리를 만든 것임을 꼭 기억하자.

물경력에 대한
두려움

개인적으로 좋아하는 단어는 아니지만, '물경력'이라는 단어가 심심치 않게 쓰이고 있다. 세상에 의미 없는 일은 없지만, 많은 사람이 소위 물경력 때문에 이직을 고민한다.

물경력은 업무 강도가 너무 낮아 발전이 없거나 무의미한 반복 업무로, 성공적인 결과 도출이나 본인의 경력에 아무런 도움이 되지 않는 경력을 의미한다. 혹은 회사 규모가 작아 업무 범위가 너무 넓다 보니, 업무 전문성이 없는 경우도 물경력에 해당한다. 이러한 경력 쌓기는 물론 피하는 게 좋겠지만 그 누구든 물경력을 쌓기 위해 입사하는 경우는 없다.

만약 본인이 물경력으로 고민하고 있다면, 비관적으로 생각하지 말고 마음가짐부터 다시 하기 바란다. 업무의 전문성이 부족하다고 생각하겠지만, 그동안의 경험으로 쌓은 자산이 있을 것이다. 업무의 범위가 넓다고 하더라도 각 업무의 비중이 다를 것이고, 그중에서 본인이 전문성을 더욱 쌓아가고 싶은 업무가 있을 것이다. 자신의 경력을 존중할 수 있어야 한다. 그래야 다른 사람에게 자신을 자신 있게 소개할 수 있다.

좀 더 견고하게 경력을 쌓기 위해서는 현재 업무보다 강도나 난도가 높은 직무를 선택하거나, 새로운 업무라면 지금의 경험에서 얻은 강점을 활용할 수 있는 포지션에 도전해보면 좋다. 전혀 다른 업무라도 어느 정도의 교집합은 있기 마련이고, 기업에서도 빠른 환경 변화로 채용하려는 포지션과 동일한 경력 대신에 지원자의 성장 가능성을 보고 채용하는 경우가 늘어나고 있다.

중요도는 상대적으로 다를 수 있지만 의미 없는 일이란 없다. 기업은 아무런 의미 없이 연봉을 지급하지 않는다. 물경력이라는 단어로 스스로를 평가절하하지 말고, 의미 있는 경력 개발을 추구하는 역량과 도전 정신이 있는 본인을 격려하기를 바란다.

경력 개발을 위해 가장 손쉽게 도전할 수 있는 것이 이직이다. 매일 답답한 현실 속에 쌓여가고 있는 하루하루가 나의 경력에 아무런 도움이 될 것 같지 않다고 느낄 때, 우리는 쉽게 다른 자리를 탐색하게 된다. 하지만 새로운 기회가 항상 긍정적인 결과를 장담해주지는 않는다. 그러므로 이직을 고민한다면 본질에 집중해야 한다. 이직을 시도해볼 만한 적정 연차나 이직 시장 상황, 경력 관리법 등 많은 자료를 검토하는 것도 당연히 중요하지만, 그런 정보에 매몰되어 정작 중요한 본인의 궁극적인 목표를 잃지 않았으면 한다. 본인을 냉정하게 평가하는 것도 필요하지만 필요 이상으로 평가절하해 좌절하거나 급한 결정을 내리는 것도 결국은 스스로 물경력을 쌓는 꼴이니 피해야 한다. 성공적인 경력 개발은 주관적인 평가가 훨씬 중요하고, 스스로 귀하게 여기는 경력이 다른 사람에게도 인정받는다.

헤드헌터와
이직 준비를 잘하는 방법

헤드헌터에게 제공받을 것

• 제안하는 직무 및 기업에 대한 자세한 정보

  – 필요한 경험과 역량, 담당하게 될 업무

  – 조직 구조와 기업문화(팀 구성 및 보고 체계, 전반적인 사내문화와 업

    무 방식 등)

  – 면접 과정 및 처우에 대한 정보(면접 방식 및 횟수, 연봉 수준 등)

• 본인의 현 상황과 이직 전략

  – 본인의 이력과 현재 채용 건에 대한 비교 · 분석

  – 본인의 강점 강화 및 단점 보완을 위한 전략 도출

헤드헌터에게 제공할 것

- 이직 사유(이직을 고민하고 있는 이유가 또 발생할 수 있는 기업에 지원

  하는 것을 방지)

- 본인의 경험과 역량(제안 받은 기회에 대한 본인의 경쟁력 피력)

- 본인이 원하는 직무와 기업, 산업 등에 대한 생각

- 현재 처우 및 희망 연봉

- 현재 채용 중인 공고에 맞춰 작성한 이력서

헤드헌터와 함께 소통할 것

- 제안받은 직무나 기업에 대한 솔직한 장단점 및 우려 사항

- 본인의 강점 강화, 단점 보완을 위한 전략 함께 세우기

PART 2

아직 본격적으로
준비하기
- 서류

지원 서류의
필수요소

이직을 결심했다면 가장 먼저 이력서, 자기소개서, 경력소개서 등 지원 서류 준비를 시작할 것이다. 요즘에는 구조적으로 크게 문제가 있는 지원 서류는 보기 힘들다. 참고할 만한 자료도 워낙 많고 챗GPT라는 든든한 친구도 생겼다. 2023년 2월 미국의 대표적인 채용 플랫폼 '레쥬메 빌더Resume Builder'가 시행한 조사에 따르면, 챗GPT를 사용해 지원 서류를 작성한 지원자의 78%가 합격했다. 이력서 및 자기소개서 대필 서비스도 암암리에 있다 (물론 권하지 않는다). 이러한 것들이 어떠한 방식이든 틀을 세워

주는 역할은 할 수 있지만 딱 그뿐이다. 지원 서류 작성과 제출은 지원자와 기업의 첫 의사소통인 만큼 반드시 본인이 직접 전달해야 하는 자신만의 이야기가 전략적으로 담겨야 한다.

경력이 없다고
두려워하지 말자

이 책을 읽는 모두에게는 처음 이력서를 쓰는 순간이 있었다. 학교 수업 외에도 시간과 비용을 들여 취득했던 자격증들과 동아리 활동, 인턴십, 어학연수 등 취업을 위해 그동안 정말 열심히 준비했고, 소위 합격이 보장되는 이력서의 정석을 인터넷에서 찾아봤을 것이다. 그럼에도 신입에게는 첫 취업의 과정은 두렵다. 자신의 스펙은 채용 공고 속 자격 요건에 한참 미치지 못하는 거 같다. 부족한 경력으로 생긴 이력서의 여백과 불안함은 비례한다. 그러다 보니 칸 채우기에 급급해져 정보를 정리하지 않고 무질서하게 나열하는 실수를 한다. 경험 하나하나 본인에게는 중요한 자산들이겠지만 (경력이 없는 신입에게는 더더욱 그렇다.) 대부분의 내용은 기업의 채용 담당자들에게는 관심 없는 정보일 가능성이 크다.

실무와 관련 없는 성격의 장단점과 다양한 외부 경험을 화려한 수식어로 나열하는 대신, 지원하는 회사 및 직무 분석에 노력을 기울이는 것이 좋다. 이를 기반으로 자신의 강점과 경험, 입사 후 포부를 논리적으로 작성한다면 채용 담당자는 지원자의 가능성을 보다 긍정적으로 평가할 것이다.

예를 들어 커머스 플랫폼 스타트업의 인플루언서 마케팅 부문에 신입으로 지원한다고 생각해보자. 우선 인플루언서 마케팅과 지원하는 회사의 현황과 장단점 등을 분석한 자신만의 내용으로 시작하면 좋다. 업무 경험이 없어도 조사해서 얻을 수 있는 정보를 취합하고 분석하는 것으로도 충분하다. 그 다음 공고에 기재된 업무와 본인의 관심사 및 관련 경험을 접목시켜 작성하면 좋다. 직접적인 업무 경험은 없지만 본인의 SNS 운영이나 관련 업계에서의 파워 블로거 활동 등 최대한 직무와 기업에서 요구하는 경험과 역량에 맞춰서 작성하면 좋다. 또한 업무 수행 시 필요한 외국어 및 툴 사용 역량이나 자격증 등도 작성하면 좋다. 칸을 더 채우고 싶은 욕심에 직무와 관련 없는 아르바이트 경험이나 운전면허 자격증, 취미 활동을 최대한 간결하게 작성하지 않으면 주객이 전도될 수 있으므로 주의해야 한다.

경력은 활용 가능성이
가장 중요하다

경력직 지원 서류는 신입 지원 서류보다 덜 막막할 수 있다. 성격의 장단점이나 관심사, 대학 시절 경험 대신에 경력과 성과, 역량 등 업무와 관련된 구체적인 내용들로 채울 수 있다. 하지만 경력직 지원자들도 신입 지원자들과는 다른 나름의 고민이 있을 수밖에 없다. 평범하기 그지없는 자신의 경력이나 전문성 때문에 자신감이 떨어질 수 있다. 필자의 직업 특성상 하루에 보는 지원 서류의 양이 상당히 많은데, 본인의 경력에 비해 내용이 아쉬운 경우를 종종 본다. 경력과 역량 자체는 훌륭하더라도 이를 서술하는 방식이 충분히 논리적이거나 효과적이지 않기 때문이다.

경력직과 신입의 큰 차이점은 본인이 직접 업무를 담당하며 쌓인 경험과 역량의 유무다. 이를 논리적으로 잘 조합하고 나열해야 읽는 사람이 본인의 강점을 파악하기 쉽다. 또한 나를 채용했을 때 기업이 기대할 수 있는 효용성을 쉽게 예상할 수 있어야 한다. 이때 지원하는 포지션의 직무기술서는 중요한 가이드가 된다. 직무기술서에는 수행하게 될 업무와 필요한 역량 및 경험이 대부분 중요한 순서대로 나열되어 있기 때문에 본인의 이력서도 직무기술서를 기준으로 작성하면, 채용 담당자의 눈에 띄는 임팩트 있는 지원 서류가 될 것이다.

경력직도 신입과 마찬가지로 직무와 크게 관련 없는 경험이나 자격증 같은 불필요한 정보는 과감하게 삭제해야 한다. 한 칸이라도 더 채우기 위해서 두서없이 정보를 나열한다면 정작 강조되어야 할 부분이 묻혀버릴 수 있기 때문이다. 가능한 한 지원 서류에는 최대한 간결하게 핵심만 담아보자. 기업이 경력직을 채용하는 가장 큰 이유는 이들을 당장 활용해 긍정적 결과를 도출하기 위함임을 잊지 말자.

정량화된 정보를
제공하자

신입의 지원 서류에서 가장 중요한 부분이 열정과 가능성이라고 한다면, 경력직의 지원 서류에서 가장 중요한 부분은 구체적인 업무 경험과 역량이다. 2021년 사람인이 330개 기업의 채용 담당자를 대상으로 조사한 결과, 경력직 채용 이유 중 73.9%가

바로 업무에 투입할 인력이 필요하기 때문이라고 답변했다.

기업의 가장 궁극적인 목표는 이윤 추구다. 지원자의 경력이 우리 회사에서 어떤 기여를 할 수 있는지 한눈에 그려지는 이력서와 경력소개서가 채용 담당자의 눈에 띌 수밖에 없다. 앞에 언급한 것처럼 제시된 직무기술서의 흐름에 따라 자신의 업무 경험을 작성하는 것이 지원 서류의 기본 구조라고 한다면, 이를 통해 본인이 도출해낸 성과도 항상 뒤따라야 한다. 성과를 수치화하면 효과적이라는 이야기는 많이 들어봤을 것이다. 영업 등 본인이 직접 숫자를 다루는 일을 하고 있다면 비교적 수월하겠지만, 그렇지 않다면 막막할 수 있다. 이럴 때는 본인이 역할을 수행하며 사업이나 조직 성장에 어떻게 기여했는지를 보여주는 것으로 충분하다. 예를 들어 퍼포먼스 마케팅 직무라면 고객 디지털 데이터를 분석해 마케팅 전략을 수행하며, 트래픽 증가율이나 매출 성장 기여도를 수치화할 수 있다. 개발 직무 역시 마찬가지로 본인이 수행한 프로젝트로 시스템 효율성이 얼마만큼 향상되었는지를 본인의 프로젝트를 통해 고객 수 증가나 매출 성장을 견인한 것으로 표현할 수 있다. 인사 직무라면 신규 채용 인력 수, 진행했던 인사 교육 개수, 내부 직원 만족도 증가 등으로 표현할 수 있다. 기업의 궁극적 목표인 이윤 창출과 성장은 경영 성과가 수치화되었을 때 달성도를 한눈에 볼 수 있는 것처럼, 본인을 채용했을 때 기대할 수 있는 성과를 가늠할 수 있는 정량화된 정보를 기업에 제공해보자.

채용 담당자의
심리를 이해하며 작성하자

수많은 지원 서류를 검토하는 채용 담당자의 눈에 띄려면 당연히 한 번 읽고 바로 이해할 수 있는 간단명료한 게 좋다는 조언은 많이 들어봤을 것이다. 그러나 간단하게 작성하는 것은 자신의 강점을 다 담지 못하는 것 같아 심리적으로 불안할 수 있다. 그럴 때는 채용 담당자의 입장에서 지원 서류를 작성해보자.

신입이라면 경력이 없기 때문에 산업에 대한 관심과 기업에 대한 분석, 본인의 장단점과 포부 등 성장 가능성을 채용 담당자가 쉽게 상상할 수 있어야 한다.

경력직이라면 업무 경험에서 얻은 차별화된 강점과 기업 성장에 기여할 수 있는 자신의 역량이 설득되어야 한다. 지원자 입장에서는 자신의 모든 경험과 장점을 하나도 빼놓지 않고 지원 서류에 포함하고 싶은 마음이 앞서는 것은 당연하다. 하지만 수많은 지원 서류를 검토하며 그중 적합한 후보를 선별하는 채용 담당자들의 상황을 고려해봤을 때, 두서없이 내용만 많은 지원 서류에는 눈길이 가기 어렵다. 만약 본인이 생각하기에 중요한 경험이나 역량이지만 기업이 요구하는 것과 관련이 없다면, 어쩌면 본인에게 맞지 않는 직무에 지원하고 있지는 않는지 의심해봐야 한다. 혹은 이력서에 넣기는 애매하지만 경력소개서나 자기소개서에 녹여서 가볍게 어필할 수 있는 내용인지도 확인해야 한다.

앞서 이야기한 것처럼 지원 서류는 기업과 지원자의 첫 번째 의사소통이기 때문에, 보편적으로 사용되는 단어나 형식의 선택이 중요하다. 서류를 검토하는 채용 담당자의 성향이 어떤지 모르기 때문이다. 눈에 띄기 위해서 사용한 특이한 글씨체나 문서 형식은 채용 담당자의 취향과는 맞지 않을 수 있다. 글씨체 때문에 탈락시키지는 않겠지만, 열심히 준비한 내용의 가치가 긍정적으로 판단되기 어려울 수는 있다. 또한 내용이 지나치게 과장되었거나 유머가 섞인 것도 많은 지원 서류를 검토해야 하는 입장에서는 오히려 짜증을 유발할 수 있다. 채용 담당자도 직원으로서 좋은 인재를 빠르고 정확하게 확보해야 하는 KPI^{Key}

Performance Indicator(핵심 성과 지표)가 있으므로 진중하지 않은 지원 서류로 시간 낭비하고 싶지 않을 것이다.

많은 지원자가 가고 싶어 하는 기업에, 수많은 지원 서류를 검토하는 채용 담당자에게 본인의 첫인상을 긍정적으로 각인시키는 방법은 각자의 경험, 역량, 성향, 가치관에 따라 다 다를 수밖에 없다. 하지만 안타깝게도 많은 지원자가 전문가들이 정답이라고 말하는 이력서나 자기소개서에 의존하고 있다. 지원 서류는 기업이 찾고 싶어 하는 사람과 지원자가 부합하는지를 평가하는 첫 번째 자료다. 그러므로 기업이 채용 공고나 홈페이지의 기업소개와 본인의 이력에서 공통점을 찾아 지원 서류에 논리적으로 담아내면 된다. 계속 반복하는 이야기지만 지원 서류 작성 시 핵심을 가득 담은 단순 명료한 접근이 중요하다.

이력서에서
강조해야 할 것

업무 경험으로 본인이 얻은 것을 명확하게 제시해야 기업 입장
에서는 지원자의 활용도와 가능성을 더욱 명확하게 판단할 수
있다. 보통 이력서 1장만 제출하는 경우는 드물기 때문에 이력
서와 경력소개서, 자기소개서, 필요하다면 포트폴리오까지 꽤
무거운 지원 서류 세트를 제출한다. 이것들을 모두 검토해야 하
는 채용 담당자에게 '나'라는 인적 자원을 쉽고 긍정적으로 평가
할 수 있도록 도입 부분에 본인에 대한 키워드를 제시해서 집중
시키는 게 중요하다.

점점 더
중요해지고 있는 스킬

여러 번 반복하는 내용이지만 기업이 경력직 인재를 채용하는 가장 큰 이유는 당장 업무에 투입해 성과를 내기 위함이다. 또한 기업 환경이 빠르게 변화하고 있기 때문에 폭넓은 스펙이나 다양한 업무 경험이 있는 범용성 인재보다 직무 특성상 꼭 필요한 스킬을 보유해서 빠른 활용이 가능한 인재를 선호할 수밖에 없다. 개인 또한 더 이상 '직장인'이 아닌 '직업인'으로의 성장을 추구하며 지속 가능한 경력 개발에 관심이 많아지고 있기 때문에 앞으로 스킬의 중요성은 더욱 강화될 것이라 생각한다.

본인의 스킬을 정확한 단어로 표현할 수 있는 직군이라면 어려움이 덜할 수 있다. 개발 직군이 대표적이다. 지원자의 스킬을 코딩 테스트로 평가해 채용하는 경우가 점점 늘어나고 있다.

본인의 스킬을 정확한 단어들로 표현하기 어렵다고 생각하는 직군도 많다. 업무를 수행할 때 많은 스킬을 활용하고 있는 직무이지만 스킬이라고 하기에는 다소 평범하거나 애매하다고 스스로 판단하기 때문이다. 경영 기획, 사업 기획 등 성과를 수치화하기 어려운 업무를 담당하고 있다면 일단 수행하는 업무를 구체적으로 나열해보고 여기에 '기술'이라는 단어를 붙여보면 된다. 사업성 혹은 시장 분석을 담당하고 있다면 산업 분석 기술, 혹은 관련 통계 분석 기술을 본인의 스킬로 설명할 수 있고, 기획서 작성 기술을 더할 수도 있다. 해외 영업을 담당하고 있다면 원가 분석, 시장 조사, 관련 자료 수집 및 분석 기술, 혹은 계약서 검토나 외환, 해외 금융기관 관리 기술도 포함될 수 있다.

스킬이 필요 없는 직업은 없다. 기업들이 스킬 중심으로 채용을 진행한다고 해서 겁먹을 필요가 전혀 없다.

스킬과 성과를 중심으로 작성한 핵심 역량

스킬이 업무 수행을 가능하게 하는 기술이라면, 핵심 역량은 이를 기반으로 결과를 도출해낼 수 있는 능력을 말한다. 이력서 작성 시 핵심 역량을 도입 부분에 기술해 채용 담당자가 자신의 강점을 효과적으로 검토 가능하도록 전략적으로 활용하면 된다. 사실 핵심 역량은 경영학에서 경쟁사들이 쉽게 모방할 수 없는 기업의 내부 경쟁력, 즉 특정 기술이나 브랜드 입지, 조직문화 등 복합적인 경쟁력을 의미한다. 이를 개인의 핵심 역량으로 해석하면 본인이 잘할 수 있는 부분과 기업에서 찾고 있는 인재의 교집합으로 생각하면 된다.

핵심 역량 작성 시에도 기업의 직무기술서를 참고해야 하지만, 우선 본인이 파악한 자신의 핵심 역량으로 뼈대를 만든 후, 지원하는 기업에 따라 직무기술서를 참고해서 내용 일부를 수정하는 방식을 추천한다. 핵심 역량은 크게 업무 경험을 통해 얻은 업무적 강점, 업무를 수행하기 위해 필요한 기술적 강점, 조직원으로 업무 수행 시 발현되는 성향적 강점으로 이뤄져 있다. 업무적 강점은 브랜드 전략 수립, 영업 과정 효율화, 사업성 분석 및 재무 기획 수립 등 본인이 수행하는 주요 업무를 키워드로 선정하고 여기에 본인의 경력과 성과를 더하는 방식으로 정리하면 된다. 기술적 강점에는 업무 수행에 필요한 의사소통 능력, 특정 툴 사용 역량, 프로젝트 운영 능력 등이 있다. 성향적 강점은 리더십, 추진력, 목표 지향적 성향 등 조직의 일원으로 발현될 수 있는 장점이다. 이러한 세 가지 요소로 뼈대를 만들고 살을 더한 다음, 기업이 채용하고자 하는 포지션의 자격 요건과 우대 요건을 참고해서 본인과의 교집합을 키워드로 설정하면 된다.

간단하게 해외 영업 포지션을 예로 들어보겠다. 신규 시장 개척과 영업 성과, 산업 전문성은 업무적 강점, 외국어 실력 및 영업 실적 데이터 분석 역량은 기술적 강점, 진취적 업무 추진력 및 문제 해결 역량은 성향적 강점으로 구성해볼 수 있다.

하나 더 살펴보자. 국내 대기업에서 해외 마케팅을 담당하다 푸드 테크 스타트업에서 마케팅 및 신규 사업을 담당하고 있는 10년 차 직장인의 핵심 역량을 도출해보자. 뼈대는 다음과 같이 세워볼 수 있다.

- 업무적 강점
  - 대기업과 스타트업 근무로 얻은 다양한 경험
- 기술적 강점
  - 국내 및 해외 소비자를 대상으로 한 마케팅 전략 수립 및 데이터 분석 역량
  - 다양한 프로젝트 및 사업 관리 역량
  - 핵심을 효과적으로 전달하는 의사전달 능력
  - 영어 활용 역량
- 성향적 강점
  - 조직원의 강점을 발견하고 이를 조직적으로 활용할 수 있는

리더십

– 목표 지향적 성향

　특별히 잘못된 점은 없지만, 수많은 이력서를 검토하는 채용
담당자 입장에게 딱히 기억에 남는 핵심 역량이 아니다. 다행히
키워드는 제대로 찾았으니 여기에 구체적인 살을 더하는 작업
을 거치면 다음과 같은 결과물을 얻을 수 있다.

- 업무적 강점
  - A사의 무선 및 영상 사업부 등 핵심 B2C 사업부에서 마케팅
    업무를 담당하며 주요 제품의 글로벌 매출의 150% 성장을 견
    인한 경험
  - 푸드 테크 스타트업인 B사에서 전반적인 신규 사업 업무를 담
    당하며 매년 300% 이상의 성장을 주도한 경험
- 기술적 강점
  - 국내 및 해외 마케팅을 폭넓게 경험하며 데이터를 분석하고
    이를 기반으로 전략을 수립해, 제품을 기획하고 마케팅 전략
    을 도출하는 역량
  - 글로벌 마케팅 전략 수립 및 운영, 커머스 플랫폼 구축, 구매

사이트 기획 및 운영, 푸드 OEM^Original Equipment Manufacturing(주문자 상표 부착 생산) 사업 기획 및 확대 등 다양한 프로젝트 및 사업 관리 역량

- 핵심을 효과적으로 전달하는 의사전달 능력
- 다수의 글로벌 프로젝트를 수행할 수 있는 영어 활용 능력

• 성향적 강점

- 복수의 프로젝트를 관리하고 조직의 목적을 달성할 수 있도록 팀을 효율적으로 이끌어가는 리더십
- 새로운 환경이나 경쟁 구도가 복잡한 시장에서 목표를 설정하고 이를 달성하는 추진력

수치화가 가능한 지표들이 명확하지 않은 직군도 조금 더 살을 붙여보면 핵심 역량의 완성도는 높아진다. 대기업 글로벌 인사 담당 실무급의 핵심 역량을 예로 들어보겠다.

• 업무적 강점

- 글로벌 기업으로 성장하고 있는 국내 대기업 계열사에 근무하며 글로벌 인사 전문가로서 파견자 관리, 해외 법인 인력 운영, 해외 법인 경영 계획 수립 및 관리

- 기술적 강점
  - 글로벌 인사 콘퍼런스 운영을 통한 현지 인사 담당자와의 교육 및 네트워킹 등 해외 조직의 인력 운영 안정화를 위한 지원 경험 및 관련 지식 보유
  - 오랜 미국 거주로 원어민 수준의 영어 활용 역량과 일상생활 가능한 스페인어 활용 역량 보유

나쁘지는 않지만 기업이 진출해 있는 지역, 해외 파견자 숫자, 해외 법인 규모 등을 포함하거나 운영한 글로벌 인사 콘퍼런스 수, 미국 거주 기간 등을 좀 더 자세히 기재한다면 검토하는 입장에서 평가하기가 수월하다. 기업 운영에 필요한 모든 기능은 결국 숫자와 연결됨을 꼭 기억해야 한다. 또한 본인이 수행한 업무가 어떤 결과를 가져왔는지를 더한다면 채용 담당자의 눈길을 더욱 끌 수 있다. 이를 반영해 좀 더 살을 더한다면 다음과 같다.

- 업무적 강점
  - 아시아, 유럽 등 글로벌로 성장하고 있는 국내 대기업 계열사에서 글로벌 인사 전문가

- 20여 명의 해외 파견자 관리, 총 9개의 해외 법인의 인력 운영 및 경영 계획 수립 및 관리
- 기술적 강점
  - 3년간 총 7개의 글로벌 인사 콘퍼런스 운영을 통한 현지 인사 담당자와의 교육 및 네트워킹 등 해외 조직의 인력 운영 안정화를 위한 지원 경험 및 관련 지식 보유
  - 10년간의 미국 거주로 원어민 수준의 영어 활용 역량과 일상 생활 가능한 스페인어 활용 역량 보유

이와 같이 스킬과 핵심 역량은 직무 및 산업 연관성을 기반으로 업무 수행 과정과 성과를 통해 회사 성장에 기여한 바를 구체적으로 구조화해야 한다. 그 때 당시에 발현되었던 본인의 성향적 강점을 더한다면 채용을 검토하는 입장에서 정확한 판단을 할 수 있다. 정리하자면, 자신의 경력이 기업의 발전에 어떻게 기여할 수 있는지를 이력서 도입부에서 전달한다면, 이후에 나열할 구체적 경력을 채용 담당자가 긍정적으로 판단하는 데 큰 힘이 될 것이다.

잘 쓴 이력서의
구조

이력서 작성 시 회사가 찾는 인재의 조건에 부합하고 회사가 지원자에게 어떤 성과를 기대할 수 있는지를 스킬과 역량을 기반으로 한 논리적인 설득의 중요성은 여러 번 강조했다. 필요한 요소를 모두 잘 인지하고 있다고 해도 이를 구조적으로 잘 표현하는 전략 역시 중요하다. 전반적인 흐름부터 통일감, 균형감, 내용의 가독성이나 적절한 언어의 선택 외에도 여러 작은 요소가 생각보다 큰 영향을 미친다. 이번 장에서는 논리적인 설득력을 갖춘 이력서의 구조와 작성법을 소개하겠다.

이력서의 첫인상,
도입부

도입부는 기본 신상, 필요하다면 사진, 학력 등을 기재하며 자신을 소개하는 부분으로, 사실 특별한 작성 기술이 필요하지는 않지만 지원자에 대한 첫인상뿐만 아니라 신뢰성에 영향을 끼칠 수 있다.

개인 정보 보호의 중요성 때문에 생년월일이나 주소 등을 생략하는 경우가 많지만, 아직 국내에서는 블라인드 채용이 아닌 이상 연배는 확인하는 편이니 생년까지는 기재하는 게 좋다. 혹은 대학 입학 연도를 기재해 본인의 나이를 어느 정도는 가늠할 수 있도록 해주는 게 좋다. 사진도 점점 생략하는 추세지만 아직 포함해야 하는 경우도 많다. 좋은 첫인상을 위해 보정한 사진을 쓰고 싶겠지만 과한 보정으로 본인의 실제 모습과 너무 다르다면 지원자 자체의 신뢰성을 떨어트릴 수 있다. 또한 지나치게 개성이 강한 사진은 보는 사람에 따라서 불쾌할 수도 있고 지원자의 진정성을 의심할 수 있기 때문에 사용하지 않기를 권한다.

학력은 교육 사항과 구분해야 한다. 교환 학생이나 어학연수 등 본인의 학력과 관련 없는 내용까지 담으면 장황해보일 수 있다. 본인의 최종 학력순으로 전공까지 간결하게 정리하는 것을 권한다.

경험과 성과 중심의 중간부

이력서의 핵심 부분인 중간부에서는 본인의 경력과 성과를 전략적으로 나열해, 기업이 '나'라는 자원을 채용했을 때 어떻게 활용할 수 있고 어떤 성과를 기대할 수 있을지를 채용 담당자가 쉽게 그릴 수 있도록 해야 한다. 재직했던 기업이 여러 군데라면 기업과 재직 기간, 담당 역할 등을 요약 정리하는 것으로 시작하자(한 군데라면 생략해도 된다). 그러면 검토하는 입장에서 지원자의 전체 경력 기간 및 각 기업의 재직 기간 등을 쉽게 파악할 수 있다. 만약 뒤에 따라오는 상세 경력 사항에서 반복될 내용이라면 불필요하게 길어질 수 있으니 그런 내용은 과감히 생략하기를 권한다.

이력서에서 가장 중요한 내용은 상세 경력 사항이다. 상세 경력 사항은 재직한 기업과 그 기업에 대한 설명, 재직 기간, 본인의 담당 부서 및 직책을 시작으로 본인이 담당했던 업무와 주요 성과를 반복하는 구조로 작성하는 게 좋다. 채용 공고의 직무기술서에 기재된 순서와 직무 관련 단어들을 참고해 본인의 경력을 정리하면 좋다. 다음 패션 기업 이커머스 담당자의 상세 경력 사항을 함께 검토해보자.

A사 이커머스팀 팀장(2015. 5~현재)

- A사 공식 온라인 스토어 신규 기획, 개시, 운영
  - 운영 정책·과정·시스템의 기획 및 수립
  - 동종 업계 벤치마킹 및 데이터 수집과 검토
  - 주문-취소-교환-반품 서비스 운영 총괄
  - B2C 물류센터 출고, 반품 운영 관리
  - 매출 마감 정산(판매 수수료, 배송비, 쿠폰 등)
- 고객 서비스 관리
  - 고객 서비스센터 관리 총괄, 고객 클레임 및 컴플레인 대응
  - 반품률 관리(각국 지사 기준 최저 반품률 유지)
  - 고객 서비스 관련 데이터 수집 및 검토
  - 고객 서비스센터 인력 채용

패션 기업의 이커머스 분야를 기획하고 운영하는 중요한 역할을 담당했기 때문에 해당 경험이나 역량이 필요한 조직에서는 당연히 관심이 생길 만한 인재다. 하지만 아쉬운 점이 있다. 업무 수행을 통해 얻은 성과와 기여도가 빠져 있다는 점이다. 온라인 스토어를 새롭게 기획하고 운영하며 이룬 매출 상승에 대한 본인의 기여도, 체계적인 고객 서비스 관리로 높아진 고객 만족도, 최저 반품률에 대한 구체적인 설명이 필요하다. 간과하기 쉬운 부분이지만 누구나 다 알고 있는 기업에 근무하고 있더라도 기업 규모와 사업 분야 등은 간략하게나마 설명을 덧붙이는 게 좋은데 이 내용이 빠져 있어서 아쉽다. 어느 정도 규모의 이커머스 사업을 운영했는지, 운영했던 고객 서비스센터의 규모와 채용 인력 수 등의 숫자를 더한다면 보다 완성도 있는 이력서가 될 것이다. 다음 미디어 콘텐츠 기업 콘텐츠 담당자의 상세 경력 사항을 살펴보자.

B사 콘텐츠 운영 전략팀 대리 (2019.1~현재)

B사 개요

- 글로벌 미디어 콘텐츠 기업
- 인력 규모: 국내 500명, 해외 200명

- 매출 규모: 2조 원(2022년 기준)

담당 업무

- 업계 동향 보고 자료 작성 및 경쟁 채널 콘텐츠 시청 경향 분석

- 채널 공백기 방어를 위한 외부 콘텐츠 수급 전략 수립 및 실행

- 수급 콘텐츠 효율 분석 및 주간 편성 반영

주요 성과

• 외부 콘텐츠 수급 계약을 진행해 채널 공백 방어 및 본방 비율 증대

- C콘텐츠 15회 수급, 20~30대 여성 최고 1%대 시청률 기록

- D콘텐츠 6회 수급, 10대 남녀 최고 0.5%대 시청률 기록

- E콘텐츠 9회 수급, 20대 남성 최고 1%대 시청률 기록

앞서 살펴본 A사 이커머스팀 팀장의 상세 경력 사항과는 달리, 본인의 업무 성과가 분명히 명시되어 있다. 본인이 담당했던 업무가 중요도순으로 나열되어 있고, 업무 수행으로 달성한 성과까지 구체적인 수치로 정리되어 있다. 이러한 구조는 채용 담당자에게 본인의 역량과 경험을 기업의 시각으로 정확하게 평가할 수 있게 하고, 채용 시 어떤 결과를 기대할 수 있는지에 대한 메시지를 간결하게 전달하고 있는 좋은 구조다.

만약 이직을 여러 번 했다면, 여러 회사에서 같은 직무를 수

행했다고 해도 똑같은 문구를 반복하는 것은 바람직하지 않다. 단순히 양만 늘린 느낌이 들 뿐만 아니라 성의가 없어 보일 수 있기 때문이다. 같은 직무라도 각각의 조직에서 수행한 구체적인 업무와 성과, 그리고 특징 중심으로 작성하면 이런 점을 방지할 수 있다.

기타 정보는 후반부

직접적인 경력 사항에 포함하기에는 애매한 외부 교육 사항, 자격증, 언어 및 컴퓨터 활용 역량 같은 기타 정보는 이력서 후반부에 간략하게 기재해 마무리하면 좋다. 업무 전문성에 따라 중요한 역량이라면 당연히 자세하게 기재해야 한다. 그렇지 않은 경우에도 자세하게 쓴다 해서 나쁠 것은 없지만, 직무와 밀접한 관련이 없는 정보는 사실 평가에 크게 영향을 끼치지 않는다. 본인의 취미나 봉사 활동 등도 마찬가지다.

엑셀, 파워포인트, 워드 같은 사무 프로그램은 사실 직장인이라면 기본적으로 사용할 줄 알아야 하고, 아무리 자격증이 없다 해도 운전면허 자격증 하나만 달랑 기재한다면 오히려 부정적인 선입견이 생길 수도 있다. 다양한 취미 활동이나 관심사는 기업 입장에서는 크게 관심 없는 내용이니 단순히 양을 늘리기 위한 정보는 포함하지 않는 게 좋다.

이력서는 기업이 지원자가 채용하는 포지션에 적합한지를 판단할 수 있도록 지원자가 제공하는 정보다. 정보가 군더더기 없이 핵심만 빠르게 판단할 수 있는 명확한 언어와 구조로 채용 담당자에게 전달되어야, 정확한 판단을 이끌어낼 수 있다. 반드시 기억해야 할 것은 업무 경험을 통한 성과가 포함되어야 한다는 것이다. 경력직이라면 누구나 관련 업무 경험은 있고 기업이 필요한 것은 그 업무 결과다. 또한 정보를 기업이 중요하다고 생각하는 순서와 친숙한 표현으로 전달했을 때, 검토하는 입장에서 지원자를 긍정적으로 평가할 수 있다. 양적인 욕심을 덜어내고 핵심을 전략적으로 전달할 수 있는 방식을 각자의 상황에 맞게 고민해보면, 어디에서나 볼 수 있는 뻔하디 뻔한 이력서에서 벗어날 수 있다.

경력소개서와
포트폴리오

경력소개서와 포트폴리오는 이력서에 미처 담지 못한 내용을
채용 담당자에게 추가적으로 제공하는 별책 부록과 같다. 경력
소개서는 본인이 해당 업무를 수행하며 성과를 도출해낸 과정
에서 발휘한 소프트 스킬이나 당시 환경, 문제 해결 방식 등을
서술함으로써, 이력을 보다 강화할 수 있는 도구로 사용되어야
한다. 포트폴리오는 본인의 결과물을 시각적으로 정리해 채용
담당자가 자신의 상세 이력을 보다 쉽게 이해할 수 있는 자료로
활용하면 좋다.

<u>경력소개서</u>

지원동기

지원동기는 경력소개서 구성요소 중에서도 지원자들이 가장 많이 참고 자료를 찾아보는 내용일 것이다. 대부분 이직이 현 상황을 벗어나고 싶은 생각에서 시작하기 때문에 특별하게 쓰기 어려워 그럴 수 있다.

많은 사람이 간과하는 것은 지원동기는 기업의 시선을 고려해서 작성해야 한다는 것이다. 본인이 하고 싶은 것과 할 수 있는 것이 기업에서 어떤 성과를 낼 수 있는지 제시하는 게 중요하다. 이것은 경험이 부족하지만 패기가 가득한 신입과 실제 업무를 경험해본 경력직 모두에게 해당한다. 정확한 기업 분석과 기업이 지원자에게 기대할 수 있는 결과를 지원동기에 명확하게 명시해야 한다. 즉 본인이 이 회사에 왜 지원하는지와 기업은 왜 자신을 채용해야 하는지, 채용 이후 기업은 어떤 결과를 기대할 수 있는지를 논리적이고 열정적으로 피력해야 한다. 그렇다고 합격하기 위해 본인의 경력 목표나 건설적인 미래를 과장해서 화려하게 작성하는 것도 채용 담당자의 기억 속에 남을 가능성은 크지 않으니 지양해야 한다. 다음 K푸드 스타트업의

해외 영업 직무 지원자의 지원동기를 예로 들어 설명하겠다.

저는 한국의 라이프스타일을 세계화하는 목표로 성장하는 A사에 큰 매력을 느꼈습니다.

미국 교환 학생 시절에 한인 동아리 활동을 하며 한국문화와 음식을 소개하기도 했습니다. 종교적인 이유로 돼지고기를 먹지 못하는 친구들에게 잡채와 파전 등 한국식 비건식을 소개해 좋은 반응을 얻기도 했습니다.

국내, 해외의 공급 및 생산 업체 그리고 고객에 이르기까지 다수의 사람과 직접적인 대면을 하며 매출을 창출한다는 점에서 해외 영업 직무에 흥미를 느꼈습니다. 저는 해외 영업 전문가는 제품에 대한 통찰력과 주인 의식을 가지고 제품을 적극적으로 어필하는 열정이 필요하다고 생각합니다. 저는 한 K푸드 판촉 행사에서 높은 판매 수익에 크게 기여한 경험이 있습니다. 그 결과로 저는 해당 부스의 고정 인력이 되었습니다. 높은 판매 수익의 비결은 단기 아르바이트생이었지만 주인 의식을 바탕으로 한 제품에 대한 애정과 적극성이었습니다. 이러한 역량을 바탕으로 앞으로 모든 현장에서 실무를 수행하며 귀사의 위상을 전 세계에 높이는 데 이바지하고 싶습니다.

본인의 경험과 보유 역량, 산업에 대한 관심을 포함한 기술 방식은 나쁘지 않다. 하지만 A사의 해외 영업 직무에 지원한 수 많은 지원자와의 차별점은 솔직히 많지 않다.

본인의 경험을 먼저 나열하는 것보다 A사의 현황, 주요 제품, 마케팅 방식 등에 대한 분석에 본인의 견해를 더한 다음, 본인의 경험과 역량을 통해 기업의 성장을 이끌어갈 수 있는 이유를 서술하면 어떨까? 해당 산업에서의 A사의 경쟁력, 매출 및 영업 이익, 영위하고 있는 사업들의 현상 및 미래 전망, 기업문화 및 인재상 등 다양한 요소를 분석하고 그 결과물과 본인의 경험 및 강점의 교집합을 찾으면 훨씬 설득력 있는 지원동기를 작성할 수 있다. 이를 반영해서 작성하면 다음과 같다.

A사가 처음 진출한 태국 시장에서 B제품이 소비자들의 입맛을 사로잡는 것을 보고 K푸드의 세계화 가능성을 봤습니다. 이후 베트남, 말레이시아, 인도네시아 등 주변 국가로 저변을 넓히고 제품군을 확장하며 A사는 매년 200% 매출 성장이라는 괄목할 만한 성과를 이뤄내고 있습니다.

A사가 진출한 베트남, 말레이시아, 인도네시아 등은 이슬람 신도가 많기 때문에 다양한 비건 제품을 개발해 판매한다면 매출 성장

은 더욱 극대화될 것으로 예상합니다. 저는 교환 학생 시절 이슬람 신도 친구들에게 잡채와 파전 같은 한국식 비건식을 소개하며 좋은 반응을 얻었던 경험이 있습니다. 각 시장에 맞는 경쟁력 있는 제품을 적극적으로 판매하며 기업 성장을 주도할 경험과 역량을 보유했습니다.

첫 번째 예시보다 분량이 적지만, 지원하는 회사에 대한 선행조사를 충분히 했음을 보여주고 있다. 그리고 본인의 분석을 기반으로 기업이 보다 발전할 수 있는 방법, 본인의 관련 경험과 앞으로 본인이 기업에 기여할 수 있는 부분을 이야기하고 있다. 이러한 지원동기를 읽는 채용 담당자는 지원자를 채용했을 때 활용할 수 있는 방식을 그려볼 수 있다. 우리 회사의 관심과 열정에 대한 긍정적인 평가는 두말할 필요가 없다.

다만 이직을 준비하는 입장에서 다녀본 적도 없는 회사를 정확하게 분석하기란 어렵다. 한 회사에만 지원하지 않는 이상 지원하는 모든 회사를 분석하고 전략을 짜는 것도 불가능하다. 이럴수록 선택과 집중이 중요하다. 제시하는 전략이 반드시 정답일 필요는 없다. 산업과 기업을 분석하는 방식과 전략 도출 및 문제 해결 방법 등 자신의 다양한 스킬을 실질적인 예시로 전달하는 것으로도 충분하니, 지원동기 작성을 너무 어렵게 생각하지 않았으면 한다.

취업이나 이직을 시도할 때 보통 여러 회사에 지원한다. 그래서 지원 서류를 여러 번 작성해야 하는데 현실적으로 각 기업별로 다른 내용을 작성하기에는 물리적인 시간이 턱없이 부족하다. 그렇지만 지원동기만큼은 반드시 지원하는 기업에 대한 분석과 다른 지원자와의 차별성을 담아야 한다. 합격 가능성을 높이는 데도 중요하지만, 본인이 왜 이 기업으로 이직해서 이런 업무를 하고 싶은지에 대한 본인의 생각과 마음을 정리해 스스로를 설득할 수 있는 중요한 단계다. 또한 기업의 인재상이나 본인의 직업관을 연결해보면 본인과 잘 맞는 조직인지 확인해볼 수 있는 중요한 과정이기도 하다.

이력서의 내용을 심화, 발전시킨 내용

이력서는 제한된 공간이다. 수행했던 모든 업무를 정갈한 단어들로 핵심만 정리한다는 것은 사실 쉬운 일이 아니다. 본인이 문제 해결을 했던 방식, 본인의 순발력이 돋보였던 순간, 조직원으로서 혹은 리더로서 시너지를 낼 수 있었던 여러 순간도 담고 싶지만, 그러면 내용이 필요 이상으로 길어진다. 그러므로 경력소개서에는 이력서에 포함되어 있는 업무 수행과 결과에 대해 추가적으로 서술해 내용을 강화하는 게 좋다. 상세 경력을 풀어서 작성해도 좋고 주요 이력에 넣지 못했던 내용을 추가해도 좋다. 다만 이력서 내용과 일관된 내용이어야 한다. 이력서와 비슷한 흐름일수록 검토하는 채용 담당자도 이해하기 쉽다는 것을 명심해야 한다. 102p에서 B사 콘텐츠 운영 전략팀 대리의 담당 업무와 주요 성과의 첫 번째 항목을 다시 살펴보자.

- 담당 업무
  - 업계 동향 보고 자료 작성 및 경쟁 채널 콘텐츠 시청 경향 분석
- 주요 성과
  - C콘텐츠 15회 수급, 20~30대 여성 최고 1%대 시청률 기록

이를 기반으로 경력소개서에 상세 경험을 더해갈 수 있다. 업계 동향 보고 자료 작성 및 경쟁 채널 콘텐츠 시청 경향 분석 업무에 구체적인 살을 붙여본다면 다음과 같다.

경쟁사의 콘텐츠 구성 및 편성과 시청 경향을 면밀히 분석해 특정한 콘텐츠가 어떠한 시청자들을 타깃으로 제공되었을 때 가장

많은 호응도를 이끌어내는지 집중적으로 분석했습니다. 여기에서 도출한 인사이트를 기반으로 보고서를 작성해 기존 편성 방식 변화에 소극적이었던 경영진들을 설득했습니다. 그 결과로 상대적으로 트래픽이 거의 없었던 20~30대 여성 시청자의 시청률을 1%대까지 끌어올릴 수 있었습니다.

여기에 본인의 하드 스킬$^{Hard\ skill}$(마케팅, 재무, 생산, 회계, 인사 등의 일련의 경영 전문 지식) 혹은 소프트 스킬이 발현된 내용들을 첨가해도 좋다.

갑작스러운 변화에 따른 리스크 때문에 새로운 시도에 소극적이었던 경영진을 설득할 수 있었던 것은 국내외 경쟁사들의 동향을 면밀하게 분석하고 발생할 수 있는 리스크 대비 기획까지 포함한 자료였습니다. 많은 시간과 노력이 들었지만, 저의 분석력과 논리를 겸비한 설득력으로 좋은 결과를 얻었습니다.

이러한 기술 방식은 본인의 분석 및 보고서 작성 역량, 전략적 태도를 강조할 수 있다. 여기에 본인이 업계를 조사하며 얻은 시장 현황 정보 및 인사이트를 기반으로 한 향후 사업 전개 방향 제시, 예를 들면 '이러한 편성 방식을 타 콘텐츠와 채널에 적용했을 때 더 큰 성장을 예측할 수 있습니다'와 같은 미래 전략을 더해도 좋다.

반면 이력서에 기재한 내용을 단순히 서술만 하거나 불필요한 군살을 더한 내용은 도움이 되지 않는다. 이력서의 내용과 일치하는 게 물론 중요하지만, 그 내용을 그대로 문장으로 풀면 같은 내용이 반복되는 느낌을 주므로 오히려 전체적인 이력이 부실해 보일 수도 있기 때문이다. 되풀이되는 글만큼 지루한 글은 없다. 반대로 이력서 내용과 일치하지 않는 내용이 포함되면 전체적인 신뢰성이 떨어질 수 있으니 조심해야 한다.

포트폴리오

개발, 디자인 등 특정 직군에만 요구되었던 포트폴리오가 이제는 마케팅, 기획, 영업 등 다양한 직군에도 요구되고 있다. 이력서와 경력소개서를 열심히 준비했는데 또 추가 자료를 준비하는 것이 당연히 부담스러울 수 있지만, 본인에 대한 여러 요소를 도식화 혹은 구조화해 채용 담당자의 이해도를 높일 수 있는 도구로 잘 활용해보자. 다만 이런 추가 자료들은 목적을 잘 이해하고 작성해야 한다. 채용 담당자가 본인에 대해 쉽게 이해할 수 있도록 준비하는 자료인데, 장황한 내용이나 가독성이 떨어지는 구성은 오히려 역효과를 불러오기 쉽다.

포트폴리오의 일반적인 구성은 자기소개와 수행했던 주요 프로젝트로 이뤄진다. 자기소개는 자기소개서에 기술한 내용 중 몇 가지 키워드를 뽑아 전략적으로 배치하면 좋다. 나이, 학력과 같은 개인 정보보다는 본인의 주요 경험이나 역량, 경력 개발 목표 등을 간결하고 함축적으로 표현하되 시각적으로 흥미롭게 구성하면 채용 담당자에게 긍정적으로 각인될 수 있다. 이력서 및 경력소개서와 내용이 중복되는 것은 상관없지만, 반복되는 문장형 나열은 워드 파일을 PPT 파일로 그대로 옮겨온 것에 지나지 않는다. 간결한 자기소개로 시작했다면 단어와 문장들로만 표현하기에는 아쉬웠던 주요 경력을 어필할 수 있도록 수행했던 프로젝트 및 성과에 집중하기를 권한다. 본인이 담당해 긍정적인 결과를 도출한 프로젝트를 구체적으로 작성하면 효과적인데, 여기에서도 다시 한번 과유불급을 강조하고 싶다. 현재 지원하는 기업과 특별한 접점이 없는 경험이나 성과가 특출하지 않은 경험은 과감히 덜어내기를 권한다.

다른 지원 서류들과 포트폴리오의 큰 차이점은 '시각적 효과'이기 때문에, 진행했던 경험의 산출물 이미지 및 그래프 등 도식화된 인포그래픽도 잘 활용하면 좋다. 특히 필자가 계속 강조했던 성과의 수치는 인포그래픽을 활용하는 게 가장 효과적인 전달 방법이므로, 이를 꼭 기억하자.

요즘 이직을 적극적으로 고민하는 지원자들의 노고가 가득 묻어 있는 지원 서류들을 접할 때, 자신의 경험과 장점을 극대화하기 위해 과하게 포장한 포장지를 펼쳐보는 느낌이 든다. 지원 서류의 핵심은 내용물이다. 본인이 제공하는 자료에서 강조하는 키워드는 자신을 대변하는 핵심요소이고 앞으로 진행될 여러 채용 단계에서의 무기, 더 나아가 자신을 직업인으로 성장시킬 동력이 될 수 있다. 합격 가능성에만 너무 집착하지 말고 핵심을 가장 효과적으로 전달할 수 있는 방법에 집중하면 올바른 답을 얻을 수 있다.

자기소개서
쓰는 법

지극히 개인적인 생각이지만, 자기소개서는 사실 평가의 기준이 되어서는 안 된다고 생각한다. 특히나 경력직 채용은 직무적합성이 점점 더 중요해지고 있는데, 업무 수행에 필요한 역량과 경험을 평가할 때 본인의 성격이나 성장 과정이 어떤 역할을 할 수 있을지 의문이다. 최근에는 앞에서 소개한 경력소개서와 구분 없이 제출을 요구하는 기업도 늘고 있지만 그렇지 않은 기업도 많다. 이럴 경우 자기소개서는 최대한 기업의 시선으로 작성하는 것이 중요하다.

신입 및 경력 초기
자기소개서

아무래도 경력이 부족하기 때문에 본인의 성장 과정이나 성격을 긍정적으로 서술하는 데 많은 시간을 들일 수밖에 없다. 기업 입장에서 이를 참고는 할 수 있지만 화목한 가정 환경이나 긍정적인 성향 때문에 서류 합격을 시키지는 않는다. 본인의 성장 배경이나 성향 등도 지원하는 기업 및 포지션과의 연결이 중요하다.

입사 후 포부를 논리적으로 작성하면 채용 담당자가 지원자의 가능성을 보다 긍정적으로 평가할 가능성이 크다. 본인의 성장 과정에서 겪은 특정 경험으로 해당 산업이나 기업에 관심이 생기게 되었고, 본인의 성향이 기업 인재상에 부합하며 조직문화에 어떻게 긍정적인 영향을 줄 수 있는지를 기술해보자. 또한 본인이 입사한다면 어떠한 역할을 수행하며 기업 성장에 기여할 수 있는지를 논리적이고 구체적으로 서술한다면, 채용 담당자가 회사에 대한 관심과 열정, 조직과의 조합 등까지 긍정적으로 평가할 것이다. 여행 플랫폼 기업의 마케팅 직무에 지원하는 신입의 자기소개서를 예로 들어 설명하겠다.

대학 시절 경영학을 전공하면서 마케팅 분야에 관심이 생겼습니다. 시장의 트렌드 및 사회 현상을 분석했고, 그 데이터를 바탕으로 마케팅 아이디어를 도출하는 연습을 했습니다. 평소 여행에 관심이 많았기 때문에 여행사 및 항공사에서 바이럴 마케팅 활동을 활발히 했고, 4학년 때 항공사 마케팅 인턴으로 채용되어 기업 홍보를 위한 바이럴 마케팅을 경험했습니다. SNS 홍보 및 검색어 기반 마케팅 업무를 진행하며 매우 즐거웠습니다.

여행업 종사 시 필수 자격 요건인 외국어 능력을 위해 중국어와 영어 공부를 꾸준히 했고, 그 결과 원활한 소통이 가능합니다. 이러한 저의 경력이 귀사에서 일하는 데 큰 장점으로 발휘할 수 있을 것이라 생각합니다.

위의 예시처럼 본인이 여행을 좋아하고 여행 플랫폼 기업 환경에 잘 맞는 성향을 가졌으며 SNS 운영 경험이나 여행 시장에 관심이 많다고 어필하는 것이 일반적인 방식이므로, 아마 채용 담당자들은 비슷한 내용의 자기소개서를 이미 많이 접했을 것이다. 차별화된 자기소개를 위해 본인의 이야기와 기업 및 산업과의 접점을 찾아보면 좋다. 구체적으로 '대학 입학 후 처음 떠난 해외 여행 중, 현지에서 투어를 예약하며 한국에서 미리 예

약하고 올 수 있는 서비스가 있었으면 좋겠다고 생각했습니다'
같은 본인의 경험이 들어가면 검토하는 채용 담당자 입장에서
흥미로울 것이다.

대학 시절 경영학을 전공하면서 마케팅 분야에 관심이 생겼습니
다. 시장의 트렌드 및 사회 현상을 분석했고, 그 데이터를 바탕으
로 마케팅 아이디어를 도출하는 연습을 했습니다. 여행을 좋아하
는 저는 관련 기업들에서 바이럴 마케팅 활동 및 인턴 등을 경험했
습니다.

작년 여름 프랑스로 가족 여행을 떠났을 때 가족 대표로 제가 항공
권 및 호텔 예약과 세부 일정까지 담당했습니다. 교통편이나 숙소
는 다양한 플랫폼에서 쉽게 비교 검색이 가능해 여행 일정과 위치
등을 고려해 좋은 가격으로 예약할 수 있었습니다. 귀사와 현지 여
행사들의 상품을 비교해보니 예약 방식 및 고객서비스는 귀사의
플랫폼이 편리했으나, 상품 검색의 편리성 및 상품 다양성이 아쉬
웠습니다. 그래서 박물관 투어, 교통 패스, 와이파이 등 일반적인
상품은 귀사의 플랫폼으로 예약했고 소도시 투어 등은 현지 한인
가이드를 통해 진행했습니다.

제가 입사한다면 경쟁사에서 쉽게 모방할 수 없는 귀사의 상품들

을 SNS를 활용해 효과적으로 홍보할 수 있는 방법을 모색해보고 싶습니다. 여행에 대한 깊은 관심과 경험, 원활한 중국어 및 영어 활용 역량 등은 귀사에서 일하는 데 큰 장점으로 발휘할 수 있을 것이라 생각합니다.

가능하다면 예시처럼 지원하는 기업의 제품과 서비스를 소비자로서 사용해본 경험을 넣으면 좋다. 서비스 분석, 상품 구성에 대한 자신의 견해, UX 관련 장점과 보완점 등을 자신의 방식으로 제안해보자. 억지로 스토리를 만들어내라는 말은 절대 아니다. 아직 관련 업무 경험이 없기 때문에 정답이 아니어도 괜찮다. 열정과 포부가 오히려 중요한 신입의 특권을 용감하게 활용해보기를 바란다.

경력직
자기소개서

사실 경력직의 자기소개서는 연차가 쌓일수록 점점 중요도가 낮아지기 때문에 너무 많은 고민과 시간을 들일 필요는 없다.

20년 차 영업 부장이 본인의 성장 배경과 성향적 강점을 세심하게 작성한다고 한들 채용 담당자 입장에서는 관심 없는 내용이므로 자세히 읽어보지 않고 넘어갈 수 있다.

경력직의 자기소개서 역시 기업의 관심사를 염두에 두고 작성하는 것이 중요하다. 일단 경력직의 자기소개서는 지원하는 기업 및 직무와, 본인이 몸담았던 조직 및 그 속에서의 경험과의 교집합을 전략적으로 찾아내야 한다. 그리고 이를 기반으로 지원하는 기업과 산업 등에 대한 분석과 본인의 강점 및 포부를 작성하면 자기소개서가 더욱 풍부해질 것이다. 여행 스타트업으로 이직을 시도하고 있는 여행 플랫폼 기업 8년 차 마케터의 자기소개서를 예시로 참고해보자.

인턴으로 입사한 여행 플랫폼 기업에서 8년째 마케터로 활동하고 있습니다. 업력이 길지 않은 회사에서 회사의 체계를 세우고 여러 새로운 시도를 하며 사업을 확장했습니다. 시장에서 처음 시도되는 현지에서 직접 체험할 수 있는 다양한 여행 상품 기획을 담당했습니다. SNS, 블로그, 홈페이지 등 온라인 중심으로 홍보했고 괄목할 만한 성과를 거뒀습니다. 회사가 성장하며 항공, 호텔 쪽으로 사업 분야가 확대되며 더욱 더 폭넓은 업무를 담당하게 되었습니다. 다양한 도전을 통해 기업 성장을 주도한 경험으로 귀사의 발전에 기여하고 싶습니다.

기업 입장에서는 이제 막 시작하는 스타트업인 만큼 업계 경험자를 영입했을 때 얻을 수 있는 효과에 대한 기대가 클 것이다. 구체적인 성과는 이미 이력서 및 경력소개서에서 많이 소개했을 테니, 자기소개서에서는 기업이 본인에게 기대하는 바를 강조하면 좋다.

이를 반영하면 다음과 같이 작성할 수 있다.

인턴으로 입사한 여행 플랫폼 기업에서 8년째 마케터로 활동하고 있습니다. 당시 상품 다양성이 부족하고 마케팅 업무 체계도 잡히지 않았던 회사에서 차별화된 상품 기획, 적극적인 바이럴 및 디지털 마케팅 등을 새롭게 시도하며 괄목할 만한 성과를 거뒀습니다. 보다 다양해진 고객 니즈를 반영해 여행자들이 직접 계획할 수 있는 상품들을 기획하고 고객 경험담을 콘텐츠화해서 마케팅에 적극적으로 활용하는 등 다양한 시도를 통해 조직 성장에 기여했습니다.

조직의 규모와 사업 분야가 성장함으로써 조직 내부 인력 관리 업무 및 현지 협력사들과 협업 업무가 확대되었고, 조율해야 하는 부분도 많아졌습니다. 저는 각각의 요청 사항을 경청하고 수용하며 모두가 공동의 목표를 향해 달려 나갈 수 있는 환경을 조성했습니다. 내부 구성원 및 외부 파트너들과 보다 효율적으로 일할 수 있는 방법을 늘 고민하고 실행하는 저의 리더십이 조직 성장과 안정화에 큰 기여를 했다고 생각합니다.

입사 초기의 열정과 도전 정신을 발현할 수 있는 기회를 다시 경험하고 싶어 귀사에 지원하게 되었습니다. 다양한 도전을 통해 기업 성장을 주도한 그동안의 경험으로 귀사의 발전에 기여하고 싶습니다.

조직 체계가 잡혀 있지 않은 사업 초기부터 조직을 만들고 신규 상품을 기획해 기반을 만든 경험, 다양한 채널에서의 마케팅 경험, 작은 조직에서 실무를 직접 담당하면서 높아진 고객의 니즈와 페인 포인트 Pain point(고객이 제품이나 서비스를 이용할 때 불편이 발생하는 지점)에 대한 이해도와 현장 경험 등 스타트업에서 필요로 하는 부분을 제시하면 좋다.

입사 후 포부도 본인의 현재 조직에서의 아쉬운 점과 이직을 통해 발전하고 싶은 점, 나아가 기업과의 동반 성장을 도모할 수 있는 가능성을 제시할 수 있다.

자기소개를 본인의 소프트 스킬을 적극적으로 홍보할 수 있는 도구로 삼으면 좋다. 담당했던 업무나 성과에서 충분히 표현할 수 없었던 본인의 또 다른 장점을 어필할 수 있다. 본인이 기획한 신규 사업이 예산이 많이 필요한 상황에서 내부 결정권자들을 설득해서 추진한 경험으로 본인의 의사소통 역량을 강조할 수 있다.

또한 난도가 높은 업무 수행을 어려워하는 조직원들을 설득하고 적절한 업무 분배와 협업으로 완수한 경험은 채용 담당자에게 본인의 리더십 및 전략적 사고, 목표 지향적 성향 등을 보여줄 수 있다.

업무와 관련 없는 경험도 정말 본인이 자랑할 만한 것이면 포함하되 기업 인재상과 연결할 수 있는 내용이면 좋다. 취미나 은퇴 후 계획같이 업무와 관련 없는 내용은 안 그래도 검토할 서류가 많은 채용 담당자에게 중요하지 않은 읽을거리만 제공하는 격이 될 수도 있으니 신중하게 생각하자. 또한 경력소개서에 작성했던 내용을 반복하는 것도 피해야 한다. 아무리 좋은 내용도 계속 들으면 지겹다.

가장 어려운
자기소개

기업이 특별히 요청하지 않더라도 자원자들의 자기소개서에 성장 과정과 성격의 장단점은 빠지지 않고 등장한다. 그리고 면접시 기업이 지원자에게 하는 대표적인 질문이기도 하다. 국내 채용 시장에서만 볼 수 있는 상당히 특이한 질문들이다. 필자는 성장 과정이나 성격이 채용 시 평가 대상이 되어서도 안 된다고 생각한다. 다행히도 이런 질문들을 요구하는 기업이 점점 줄어들고 있는 듯해, 개인적으로 다행스럽게 생각한다.

성장 과정과 성격의 장단점은 구체적인 내용에 대한 평가보다는 지원자가 본인의 소개를 얼마나 논리적으로 기술할 수 있는지, 지원자가 기업 인재상과 부합하는지와 조직원으로서 활용할 수 있는 소프트 스킬이 있는지 등을 검토할 때 사용되는 자료임을 기억하며 작성하자.

성장 과정

사실 성장 과정은 평가 자체에 큰 영향은 없다. 수많은 자기소개서를 검토하는 채용 담당자 입장에서는 지원자의 어린 시절 관심사나 성격 형성 과정이 기업 및 업무와 관련 없다면 관심이 가지 않는다. 그래서 본인이 학창 시절 경험했던 특별활동과 지원하는 기업의 산업의 직접적, 간접적인 연관성을 연결하거나 조직문화에 적합한 성향을 소개하면 오히려 채용 담당자의 눈길을 끌 수 있다.

성격의 장단점

성격의 장단점은 자기소개서에서 가장 작성하기 어려운 부분이지만, 필자가 수많은 자기소개서를 검토했을 때 특별히 평가에 영향을 끼쳤던 장단점이 없었다. 어렵게 작성한 지원자 입장에서는 참으로 허무하다.

본인 성격의 장단점을 적나라하게 쓸 수 있는 사람은 거의 없다. 그래서 성격 장단점을 읽어보면 이도 저도 아닌 내용이 가장 많다.

성격의 장단점이 직접적인 평가 기준은 아니더라도 지원하는 직무나 기업의 조직문화에 적합한 인재임을 강조할 수 있는 도구로 사용해보면 좋다. 단점도 꼭 작성해야 하는 게 아니라면 굳이 포함하지 않아도 괜찮지만 그렇지 않은 경우라면 단점을 보완하기 위한 노력이나 극복했던 사례를 함께 제시하면 좋다.

놓치기 쉬운
사소한 실수들

자기소개서를 포함한 모든 지원 서류 작성 후 꼼꼼하게 검토한다고 해도 생각보다 많은 사람이 여러 사소한 실수를 한다. 틀린 맞춤법, 오탈자, 어색한 문장 구조 등 생각보다 실수가 많으니, 제출 전 직접 소리내어 읽어보기를 권한다. 재직 기간이나 지원하는 회사명을 잘못 적는 실수도 흔한 만큼 반드시 꼼꼼하게 검토해야 한다. 사소한 실수로 신뢰성을 잃을 수 있음을 꼭 기억하자.

특이한 글씨체나 화려한 자료를 사용하면 본인의 지원 서류가 돋보일 것 같지만 꼭 그렇지만은 않다. 오히려 검토하는 채용 담당자의 성향과 안 맞는다면 감점 요인이 될 수 있으므로 보편적이고 깔끔한 형태를 사용하는 게 좋다. 노션 등 특정 툴은 본인의 경력과 역량을 강조할 수 있을 때만 활용하기를 권한다. 특별해 보이기 위해 억지로 사용하면 생각지도 못한 부작용이 생길 수 있기 때문이다.

본인을 돋보이게 하기 위해 이력을 과장하는 경우가 종종 있다. 채용 담당자가 봤을 때 지원자의 경력이 짧은데 담당했던 업무의 범위가 매우 넓고 책임자급의 중한 업무를 담당했다면 일단 두 가지 생각이 들 것이다. 이 지원자는 정말 뛰어난 인재이거나 이력을 과장하고 있거나. 과장된 경력과 역량은 면접에서 다 드러나기 마련이니 반드시 지양해야 한다.

본인을 구성하고 있는 다양한 요소를 글로 표현하기란 무척 어려운 일이고, 특히 이직을 위해 작성한다고 할 때 채용 담당자에게 자신이 지원하는 포지션에 적합한 인재임을 보여줄 수 있는 내용인지 계속 의구심에 빠진다.

기업과 지원자는 사적인 관계가 아니며 지원 서류는 서로의 필요에 의해 만날 것인지 아닌지를 판단하는 도구다. 본인의 취미나 관심사도 모두 기업의 시각에서 판단해 작성하고 기업이 관심 없을 만한 내용이면 삭제하는 게 좋다. 여러 번 강조하지만 담백하게 접근해야 한다.

사소하지만
궁금한 내용들 (1)

Q. 이직 공백기, 이력서에 기재해도 될까요?

경력을 쌓아가는 여정은 생각보다 깁니다. 그 과정에서 자의든 타
의든 공백은 생길 수 있습니다. 공백이 없으면 물론 좋겠지만 있어
도 괜찮습니다. 공백기가 생긴 이유까지 굳이 이력서나 경력소개
서에 포함할 필요는 없습니다. 다만 면접 시 공백기에 대한 질문이
나올 확률이 높으니 답변을 미리 준비하는 게 좋습니다. 그 시간 동
안 학업이나 교육, 어학연수와 같은 직무 역량 발전에 도움이 되는
시간이나 여행, 자기계발, 휴식 등 의미 있는 일들을 소개해도 좋습

니다. 구직 활동이 얼마나 체계적이고 적극적이었는지를, 지원한 기업이나 직무와 연결해서 답변을 준비하기를 권합니다.

Q. 짧게 재직한 회사는 삭제하는 것이 도움이 될까요?

짧게 재직하고 퇴사한 원인은 기업일수도 있고 본인일수도 있고 둘 다인 경우도 있습니다. 어쨌든 이미 발생한 일이기 때문에 너무 무겁게 생각하지 않아도 됩니다. 짧은 재직 기간이 기업에 자신이 끈기가 없거나 문제가 있는 사람이라는 선입견을 주지 않을까 하는 걱정에 짧은 경력을 기재하지 않는 경우가 종종 있는데, 짧더라도 이력서에 기재하기를 권합니다. 경력소개서나 면접에서 짧게 근무하고 퇴사할 수밖에 없었던 상황을 논리적으로 잘 설명하면 됩니다. 그 회사 흉을 보라는 말이 절대 아닙니다. 짧은 재직 기간에 느꼈던 점과 본인의 보완할 점을 긍정적으로 설명하면 좋습니다. 허위 기재는 하지 않은 일을 기재하는 것만 의미하지 않습니다. 경력을 미기재하더라도 이직 전 건강 보험 등 각종 서류를 제출하다 보면 발각될 수밖에 없고 그러면 본인에 대한 신뢰성이 떨어질 수밖에 없으니 현명하게 접근하기를 권합니다.

Q. 퇴사 사유는 얼마나 솔직하게 써야 할까요?

사실 경력 개발같이 건설적인 퇴사 사유를 쓰면 좋겠지만 그렇지 않은 경우가 훨씬 더 많습니다. 그렇다고 연봉 등 처우 조건에 대한 불만이나 조직 부적응 등 부정적인 내용을 이력서에 가공 없이 쓴다면 좋은 인상을 주기는 당연히 어렵습니다. 퇴사 사유가 불가항력적이라면, 예를 들어 사업 축소나 구조조정이라면 그대로 써도 괜찮습니다. 그리고 솔직하게 쓰기 불편하다면 퇴사 사유는 꼭 적지 않아도 되니 너무 고민하지 말기를 바랍니다. 다만 퇴사 사유는 면접 시 질문으로 나올 가능성이 크니, 답변을 미리 준비해두기를 권합니다.

Q. 이력서 작성 시 기업순으로 쓰는 것이 좋을까요? 아니면 담당했던 직무순으로 쓰는 것이 좋을까요?

일반적으로는 가장 최근까지 재직한 기업부터 작성하는 것이 좋습니다. 검토하는 입장에서 경력의 흐름을 한눈에 파악할 수 있고, 최근 경력이 채용을 검토하는 기업에서 가장 많이 활용할 수 있는 내용이기 때문입니다.

직군에 따라 담당했던 직무나 프로젝트별로 나열했을 때 좀 더 효과적인 경우도 있습니다. 개발자나 회계사, 컨설턴트 등 프로젝트성으로 업무를 수행하는 직군들이 이에 해당합니다. 본인의 상황에 맞게 구조화해보기를 권합니다.

Q. 희망 연봉은 어떻게 기재해야 할까요?

기업에 따라 희망 연봉 기재를 요청하는 경우가 있습니다. 혹은 본인이 확실히 원하는 수준이 있어 작성을 원할 수도 있습니다. 이때 중요한 것은 현재 연봉과 희망 연봉을 함께 작성해야 한다는 것입니다. 어느 정도의 연봉 상승을 원하는지, 희망 연봉이 합리적인지 등을 기업이 판단할 수 있기 때문입니다. 희망 연봉 작성이 서류 합격 당락을 크게 좌지우지하지 않는 경우가 많으니, 너무 고심하지 않아도 됩니다.

Q. 구인구직 사이트에 공개되는 온라인 이력서는 얼마나 자세히 작성해야 할까요?

많은 지원자가 구인구직 사이트에 공개되는 이력서 작성 시 얼마나 자세하게 작성해야 할지 궁금해합니다. 모두에게 공개되는 곳에 이력서를 올리는 것은 현재 재직 중인 회사 관계자들이 볼 수 있으니 조심스러운 게 사실입니다. 그래도 의미있는 이직 제안을 받으려면 너무 간단하게 작성하면 안 됩니다. 본인의 경력, 핵심 역량, 스킬을 키워드 위주로 작성하면 좋습니다. 재직 중 혹은 재직했던 기업의 이름과 직무, 수행한 업무도 꼭 기재해야 합니다. 인재를 찾고 있는 대다수의 헤드헌터나 리쿠르터Recruiter(조직의 개방형 직위에 적합한 인재를 찾고 채용하는 업무 담당자)는 지원자의 회사나 직무 등으로 검색하는 경우가 많다는 것을 잊지 말아야 합니다.

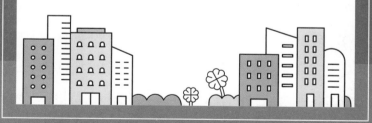

PART 3

이직 본격적으로
준비하기
- 면접

면접
기본 가이드

국내 채용 플랫폼 '잡코리아'가 2021년 기업 채용 담당자들을 대상으로 설문 조사한 결과, 면접 시 합격 또는 불합격을 결정하는 데 소요되는 시간은 합격은 평균 15.9분, 불합격은 9.4분 걸린다는 결과가 나왔다. 평균적인 면접 시간이 짧게는 30분에서 1시간이라고 생각했을 때, 어렵게 서류 심사를 통과한 지원자들 입장에서는 짧은 시간에 합격이 결정되는 게 너무나도 억울할 수밖에 없다. 하지만 10분 내외의 시간이 그렇게 짧은 게 아니다. 합격에 큰 영향을 끼치는 도입부부터 확신을 더하는 중간부 및 마무리까지 어떤 전략을 세워야 할지 살펴보자.

기업도 어떤 사람이 기업에 맞는지 고민한다

채용 담당자는 수많은 이력서를 검토해서 눈에 띄는 지원자들을 선별 후 면접을 진행한다. 면접은 다양한 방식으로 우리 조직에서 뛰어난 성과를 내며 성장을 도모할 수 있는 옥석을 가리는 중요한 단계다.

이직 시장이 복잡해진 만큼 면접의 방식도 진화하고 있다. 정확한 평가로 유능한 인재를 채용해서 경쟁력을 고취하기 위한 기업들의 고민도 깊어지고 있다. 필자가 많은 채용 담당자와 함께 일하며 공유한 기업의 고민은 생각보다 다양하다. 요즘 지원자들의 수준이 상향 평준화되어 변별력이 없기도 하고, 면접 결과가 우수해도 평판 조회나 인적성 검사 결과가 좋지 않은 경우도 많다. 그뿐만 아니라 고심 끝에 면접에서 좋은 점수를 받은 지원자를 합격시켰는데, 입사를 포기하거나 금방 퇴사하는 경우도 심심치 않게 있다. 우리가 이직에 성공하기 위해 많은 인

내와 노력, 때로는 고통이 필요한 것처럼 기업도 마찬가지다.

이 이야기를 하는 이유는 면접 단계에서 지원자가 일방적으로 평가되고 선택되는 게 아니라, 기업과 지원자가 함께할 수 있는지를 확인하는 단계라는 것을 말하기 위함이다. 자신이 면접 단계까지 어렵게 온 만큼, 기업도 어렵게 자신을 선택했으니 너무 긴장하거나 합격을 위한 정답에 연연하지 않아도 된다. 면접은 기업과 지원자가 함께할 수 있을지 없을지에 대한 가능성을 타진해보는 단계다.

간단한 자기소개 부탁드립니다

면접 도입부에 시작하는 자기소개에 관한 질문은 필자에게 많은 지원자가 하는 단골 질문이다. 인상적인 자기소개는 늘 어려운 법이다. 지원자들은 다른 지원자와 차별화된 인상을 남기기 위한 자기소개를 열심히 준비한다. 그런데 간혹 온갖 수식어가 더해진 내용을 암기해 그대로 읊는 지원자들이 있다. 본인이 열심히 암기한 내용을 복기하느라 시선은 부자연스럽게 허공을

헤맨다. 이럴 경우 오히려 지원자의 긴장감만 돋보인다. 필자가 면접관으로 참석할 때 이런 지원자들을 접하면, 냉정하게 평가하기보다는 준비해온 열정과 노력만큼 효과가 없는 부분이 안타까울 때가 많다.

이미 자기소개서를 제출했음에도 왜 기업들은 지원자들에게 면접에서 자기소개를 하라고 할까? 자기소개는 지원자가 스스로를 짧은 시간 안에 소개하며 자신의 경험과 강점에서 강조하는 사항이 어떤 부분인지, 또한 이를 구두로 얼마나 잘 정리하는지를 기업이 보고 의사전달력을 평가하는 도구로 사용될 수도 있다. 또한 다음 질문들의 키워드가 될 수 있다. 그렇기 때문에 미리 제출한 서류 내용과 일치해도 되고, 서류에서 문장으로 자연스럽게 전달하기 어려웠던 부분을 구두로 전달한다면 이로써 충분하다.

자기소개는 보통 자신의 직업으로 시작한다. 시작이 가장 어렵고 쑥스러울 수 있는데, 괜히 어색한 수식어를 붙이는 것보다는 본인의 직업을 정확하게 소개하는 지원자들이 더욱 자신감 있어 보인다. 다음 O2O 서비스 플랫폼에서 서비스 기획을 5년째 담당하고 있는 지원자의 자기소개 두 가지를 예시로 들어 살펴보자.

141

- 안녕하세요. 저는 O2O 서비스 플랫폼 기업인 A사에서 5년째 서비스 기획 업무를 담당하고 있는 ○○○입니다.
- 안녕하세요, 저는 O2O 서비스 플랫폼 기업인 A사에서 5년째 근무 중인 서비스 기획자 ○○○입니다.

첫 번째 자기소개가 틀린 것은 아니지만, 두 번째 자기소개처럼 본인의 직업을 분명한 단어로 소개하는 지원자에게서 자신의 직업과 전문성에 대한 자신감이 보인다. 자기소개를 포함한 모든 이직 과정에서 본인의 직업을 단어로 표현하는 연습을 해보기를 권한다. '마케팅을 담당하고 있는'이 아닌 '마케터', '상품 기획 담당'이 아닌 '상품 기획자' 'MD' 등 구체적인 단어를 사용하면 본인의 전문성을 돋보이게 할 뿐만 아니라 스스로도 자신의 직업에 더욱 자부심을 가질 수 있을 것이다. 영업 전문가, 회계 전문가 같은 표현도 좋다.

본인의 직업과 이름 다음에는 면접관들에게 감사 인사를 덧붙이는 것도 좋은 방법이다. "귀사는 저의 꿈의 직장입니다" "저에게 기회를 주신다면 회사 발전에 큰 기여를 하겠습니다" 같은 과장된 표현이 아닌, 주어진 기회와 시간에 대한 감사의 표현이면 충분하다.

이후 덧붙이고 싶은 내용이 있다면 이력서나 경력소개서를 작성할 때와 마찬가지로 핵심 내용을 명확하고 간결하게 전달하는 게 좋다. 자기소개할 때 본인의 장점과 주요 경력 및 성과를 길고 장황하게 말하는 경우도 있는데, 어차피 면접 과정에서 질문받고 답할 내용이다. 대신 지원하는 직무나 기업에 대한 본인의 해석 및 서로 기대할 수 있는 발전 가능성을 제시해보자. 그리고 산업이나 직업, 지원하는 기업에 대한 관심과 애정으로 마무리하면 좋다. 본인이 왜 자신의 직업을 좋아하는지를 솔직하고 담백하게 소개해도 좋다.

이 지원자는 실제로 좋은 시작으로 원활히 면접이 진행되어 합격했다. 기억나는 자기소개 일부를 소개하자면 다음과 같다.

안녕하세요, 저는 O2O 서비스 플랫폼 기업 A사에서 5년째 근무 중인 서비스 기획자 ○○○입니다. 이번에 귀사의 서비스 기획 직무에 지원하게 되었습니다. 우선 오늘 면접을 위해 시간을 내주셔서 감사합니다. 저는 귀사의 새로운 서비스 출시를 위한 서비스 기획 직무에 지원했습니다. 제가 기획부터 운영까지 모두 담당해 B서비스가 업계 1위로 성장한 경험과 역량을 발휘해 귀사의 신규 서비스도 시장에서 주목받는 서비스로 성장시키고자 지원하게 되었습니다. 저는 기획자로서 회사 전략 및 아이디어 도출부터 세밀한 기획 및 다양한 유관 부서와의 협력으로 시장의 반응을 불러올 수 있는 서비스를 제 손으로 만들어내는 업무를 무척 즐깁니다. 사용자로서 다양한 플랫폼 산업에 관심이 많기 때문에, 이 업계에서 일하는 것이 행복하고 앞으로도 지속적으로 성장하고자 합니다.

위 지원자는 모범 답안 같은 자기소개로 자신의 업무에 대한 애정과 자부심, 향후 발전 계획까지 효과적으로 전달했다.

요란한 수식어나 화려한 경력 자랑은 오히려 면접관의 반감을 불러올 수 있다. 본인의 성향, 취미 같은 군더더기도 최대한 자제하자. 진정성은 간결할 때 가장 잘 전달된다.

왜 우리 회사에 지원했나요?

경력소개서와 자기소개서에서 지원자들을 깊은 고민에 빠지게 했던 지원동기는 면접에서 또 등장한다. 지원 서류를 작성하면서 이미 뼈대를 세웠기 때문에 쉽게 생각할 수 있지만 꼭 그렇지만은 않다. 준비한 답변 외에 추가적으로 예상치 못한 질문이 등장할 수도 있다. 회사에 잘 근무하다가 정말 가고 싶은 회사나 직무에 도전하는 경우도 있지만, 골치 아픈 이직 고민 끝에 지금 면접을 보고 있는 경우가 대부분이다. 그래서 현재 조직에 불만이 가득해서 지원했다고 이야기하는 게 좋은 답변이 아니라는 것을 대부분의 지원자가 알고 있어도, 은연중에 불만을 표출하는 경우가 꽤 있다. 혹은 "귀사의 무한한 가능성과 저의 가치관이 매우 일치해 마지막 직장이라 생각하고 최선을 다하겠습니다"라는 애매하고 과장된 표현을 사용하는 지원자도 정말 많다. 지원동기뿐만 아니라 모든 면접의 요소는 적절한 솔직함과 논리적인 설득력을 갖추는 게 중요하다.

지원동기에서 가장 많이 볼 수 있고 무난한 구성은 기업에 대한 칭찬으로 시작하는 것이다. 물론 면접관들이 싫어할 이유는 없지만, 그렇다고 기억에 남을 만한 인상적인 내용도 아니다. 구체적인 본인의 분석과 가능성을 제시하는 것이 훨씬 인상적이다. 다음 두 예시를 비교해보자.

업계 1위인 귀사는 같은 산업군에 재직 중인 저에게 꿈의 직장입니다. 귀사가 나아가고자 하는 방향에서 더 많은 가능성을 봤고 귀사에서 해당 업무를 담당하며 시장을 주도하고 변화를 이끌어 내는 것이 저의 목표입니다. 저의 경력과 강점을 십분 발휘해 귀사와 함께 성공하고자 지원했습니다.

물론 틀린 답은 아니다. 구조도 나쁘지는 않다. 다만 누구나 할 수 있는 흔한 답변이 아닐까? 면접관 입장에서도 지원자가 왜 꿈의 직장이라 생각하는지를 구체적 이유와 함께 제시하지 않으면 과장된 표현이라 판단할 수 있다. 왜 가능성을 봤는지 그리고 어떤 업무를 담당할 것인지 사실 명확하지 않다.

시장 점유율 50%인 귀사의 A상품 및 B서비스에 주목하게 되었고, 앞으로 더욱 발전 가능성을 봤습니다. 제가 현재 재직 중인 회사에서 C프로젝트의 상품 기획 및 서비스 운영을 담당하며 얻은 인사이트와 경험이 귀사의 시장 점유율과 서비스 강화를 견인할 수 있고 회사와 함께 저의 역량을 성장시키고자 지원했습니다.

미사여구는 없지만 우리의 사업 분야를 관심 있게 들여다보고 본인의 성공 경험이 기업과 함께 한다면 좋은 시너지를 낼 수 있다는 메시지를 전달한다. 지원자가 A상품과 B서비스를 어떻게 분석했는지, C프로젝트에서 지원자가 어떤 구체적인 역할을 하고 성과를 낼지 궁금해지게 한다. 그러므로 다음 질문을 이끌어낼 수 있는 좋은 전략이 담긴 답변이다.

본인의 성향이나 평소 관심사, 직업관 혹은 예전 경험 등을 지원동기로 사용해도 틀린 방법은 아니다. 하지만 '진취적이고 도전하기 좋아하는 성향이라 기업문화와 잘 맞는다' '예전 수업 중 교수님이 대표적 성공 사례로 해당 기업을 언급한 것이 뇌리에 박혔다' '어린 시절부터 좋아하는 상품들을 판매하는 기업에 관심을 뒀다'는 사실 신입의 답변이라면 어느 정도 이해가 되지만 경력직의 답변으로는 충분치 않다. 지원동기 역시 기업의 관점에서 직업인으로 접근해야 한다.

본인의 주요 경력과 역량은 무엇인가요?

기업이 경력직 채용을 하는 가장 큰 이유는 채용 즉시 바로 활용해 성과를 내기 위함이다. 따라서 면접에서 본인의 경력과 역량, 이를 기반으로 우리 회사에 온다면 구체적으로 어떤 부분에서 기여할 수 있는지를 평가하기 위한 질문들이 가장 큰 비중을 차지한다. 지원자가 제출한 이력서를 보며 이 프로젝트에서는 어떤 역할을 했고 어떤 성과를 이뤘는지에 대한 구체적인 질문을 할 수도 있고, 지원자 본인이 가장 중요하게 생각하는 경력 혹은 성과가 무엇인지 소개해보라고 할 수도 있다.

전자에 대한 답변은 상대적으로 수월하다. 후자는 실질적으로 가장 큰 성과를 가져왔던 경험과 지원한 직무의 직무기술서와 관련된 경험으로 답하면 좋다. 두 요소의 균형도 고려해야 한다. 본인이 뛰어난 성과를 냈던 경험이 현재 채용하려는 포지션의 직무기술서와 평행선에 있지 않으면 면접관의 집중도가 떨어질 수도 있고 더 나아가 면접관 입장에서는 기업이 찾는 사람이 맞는지 확신이 서지 않을 수 있다.

만약 본인이 해왔던 일과 지원하려는 포지션이 조금 차이가 있다고 하더라도 공통점을 찾아 연관시켜보자. 예를 들어 영업 업무가 대부분이고 마케팅 업무를 일부 담당하고 있는 지원자가 마케팅 직무에 지원한다면, 지원자의 많은 경험과 성과는 사실 영업 분야에서 나올 수밖에 없다. 영업 경험을 쏙 빼놓고 마케팅 업무만 이야기하는 것도 어색하다. 이럴 때는 답변이 영업 내용에 집중되어도 본인의 성과를 우선 이야기하되 마케팅 업무와의 접점과 부족한 부분에 대한 질문이 있다면 앞으로 이를 보완할 수 있는 방식에 집중하면 좋다.

경력에 대한 질문은 지원자의 경험과 성과를 평가하기 위한 것도 맞지만, 역량 평가 목적도 있다. 좋은 답변으로 이 모든 것을 한 번에 효과적으로 전달하는 방법은 생각보다 어렵지 않다. 역량 평가 방식 중 BEI$^{Behavior\ Event\ Interview}$(행동 사건 면접)가 있다. 과거 실제 행동에 초점을 맞춰 지원자를 평가하는 면접이다. 이때 면접관들이 STAR 기법$^{Situation\ Task\ Action\ Result}$(상황→역할→행동→결과순으로 서술 혹은 말하는 기법)을 기반으로 질문을 하게 되는데, 꼭 이러한 패턴으로 질문받지 않더라도 이 방식대로 답변을 준비하기를 권한다. 결론을 두괄식으로 말해 답변의 포문을 열고, 어떤 상황^{Situation}에서 맡은 역할은 무엇^{Task}이었고, 수행한 방식과 과정^{Action}에 따른 결과^{Result}로 설계해 답변하면 채용 담당자가 지원자의 강점을 보다 쉽게 이해할 수 있다. 다음 이커머스 MD의 답변을 참고해보자.

저는 경쟁사에 비해 인기 제품이 부족했던 색조 화장품 분야에서 2개월 만에 매출을 50% 성장시킨 경험이 있습니다. 당시 기초 화장품 매출에 비해 특별히 USP^{Unique Selling Point}(경쟁사 대비 제품과 서비스의 차별화된 점을 강조하는 전략)가 부족한 색조 화장품^{Situation}의 제품 구성에 변화를 줘서 매출을 끌어올리는 역할을 담당^{Task}했습니다. 타 채널에서 구입할 수 있는 제품 대신 영상 조회 수가 가장 높은 뷰티 유튜버 A, B와 제품을 공동 기획했고, 데이터 기반의 성과 분석을 통한 마케팅 활동 최적화를 수행^{Action}해 고객 유입률이 20% 상승함에 따라 월 매출 기준 50% 성장^{Result}을 주도했습니다.

위와 같은 방식은 본인의 직접 경험과 업무 수행 능력뿐만 아니라 문제 해결 역량이나 결과 도출 능력 등 본인의 핵심 역량과 경험을 강조할 수 있다. 당시 상황에서 본인에게 주어진 역할을 어떤 방식으로 수행해서 도출한 결과가 정량적 평가가 가능하도록 구조화한 답변은, 지원자의 경쟁력뿐만 아니라 채용 후 활용도까지 긍정적으로 평가할 수 있다. 본인의 경험을 어필해야 한다는 생각에 하고 싶은 말이 많을 수 있지만, 최대한 간결한 구조로 전달할수록 효과는 크다.

이직하려는
이유가 무엇인가요?

솔직히 현재 조직에 만족도가 높은데 이직 기회를 검토하는 지원자는 많지 않다. 대부분 현 조직에 대한 아쉬운 마음 혹은 부정적인 감정으로 이직을 결심한다. 당연한 말이겠지만 면접의 모든 답변이 그렇듯 이직 사유에 대해서도 부정적인 어조를 사용하는 것은 좋지 않다. 적절한 가공 없이 '연봉이 너무 낮아서 불만이다' 혹은 '기업문화가 나와 맞지 않는다'와 같이 부정적 사유만 말하면 굳이 해결 방법을 제공할 의무가 없는 기업의 반응도 냉랭할 수밖에 없다. 이러한 이유 때문에 이직하는 것이 잘못은 아니지만, 적절한 이유와 해결 방법에 대한 추가 설명이 필요하다.

사업은 안정적이지만 연봉 상승률이 보수적인 기업에 재직 중이라면, 본인의 경력이나 가능성에 비해 낮은 연봉 상승률로 충분한 동기 부여가 되지 않아(이직의 이유), 지금까지 쌓아온 경력을 활용해 발전 가능성이 있는 기업에서 자신의 능력을 제대로 평가받고 싶다(해결 방법)는 기대를 덧붙이면 좋다. 일부 면접관은 돈이 이직 사유라는 답변보다는 좀 더 건설적이고 모범적인 답변을 기대할 수도 있지만, 안전하기만 한 답변도 식상하기 마련이다.

여러 번 이직을 했거나 재직 기간이 짧은 지원자들은 고민이 더 많을 것이다. 누구나 회사가 너무 싫어서 특별한 대책 없이 먼저 퇴사할 수 있고, 이직한 회사가 자신과 정말 안 맞아서 그만둘 수도 있다. 물론 잦은 이직은 좋지 않지만 이미 벌어진 일이라면 적절한 전략이 필요하다. 이런 상황에서는 이직 사유를 거짓말로 꾸미기보다, 본인의 역량을 충분히 발휘할 수 없었던 당시의 상황이나 조직적인 불합리함 등을 최대한 담백하고 논리적으로 설명해야 하는 전략이 필요하다. 전 회사 욕을 하라는 이야기가 절대 아니다. 다만 본인이 어렵게 퇴사를 결정했던 상황, 반복되는 환경적 어려움으로 업무를 지속할 수 없었던 상황을 최대한 감정을 담지 않고 객관적인 어조로 설명하기를 권한다.

단기간 근무했을지라도 본인이 회사에 기여했던 부분도 강하게 어필하자. 기업 입장에서는 잦은 이직에 대한 우려는 있겠지만 채용하면 지원자가 당장 성과를 낼 수 있는 가능성을 볼 수 있다.

사업 축소와 같은 불가항력적 상황은 사실대로 이야기해도 괜찮다. 이직을 서두르는 듯한 인상을 줘서 연봉이나 직급 협의 시 불리한 대접을 받을까 우려하지 않아도 된다. 만약 그런 회사라면 이직하지 않는 것이 좋다.

건강 악화 같은 개인적 사유는 한 번은 괜찮다. 하지만 여러 번 반복되면 개인사가 다사다난하다는 인상과 함께 우리 회사도 언제든 개인 사유로 그만둘 수 있는 사람이라는 생각을 심어줄 수 있다. 매번 개인적 이유로 퇴사를 반복했다면, 직업인으로서 본인의 자세와 마음가짐에 대해 진지하게 고찰해보기를 권한다.

당신의 장단점은 무엇인가요?

개인적으로 좋은 질문이라 생각하지 않지만 많은 기업의 채용 면접에서 본인의 장점과 단점에 대한 질문이 단골로 등장한다. 장점은 긍정적인 내용이니 상대적으로 덜 어렵지만 단점은 늘 고민이다. 완벽주의나 지나치게 신중한 성격 등 뻔히 예상할 수 있는 답변이 사실 믿기 힘들지만 안전한 답이 될 수도 있다. 하지만 솔직하게 본인의 단점을 이야기하며 이를 보완하기 위해 노력했던 방법을 함께 제시하는 것도 좋은 대답이 될 수 있다. 치부를 드러내라는 말이 아니다. 최대한 솔직하게 답하되, 상황에 따라서는 장점으로 발현될 수 있는 단점을 찾아보기를 권한다.

> 저는 거절을 잘 못해서 때로는 부담스러워도 지인들의 부탁을 거절하지 못하고 들어줄 때가 있습니다. 그런데 그 과정에서 예상치 못한 좋은 기회나 인적 네트워크를 얻는 경우도 있습니다. 그래도 내가 할 수 있는 일과 없는 일, 물리적 시간 등을 고려해 합리적인 결정을 하기 위해 노력하고 있습니다.

단점이 있지만 상황에 따라 장점이 될 수 있고, 단점을 보완하기 위해 노력하고 있다는 내용까지 담긴 좋은 답변이다. 단 예시처럼 단점을 보완하기 위해 노력한 부분이 있다면 이를 적극적으로 표현하는 것은 좋지만, 누가 들어도 억지로 꾸며내는 듯한 느낌을 주면 안 된다. 모든 면접이 그렇지만 진솔함이 가장 큰 무기다.

다행스럽게도 지원자의 성향이나 장단점, 그 외 정량화할 수 없는 것들을 지원자에게 직접적으로 묻는 방식은 점차 줄어들고 있다. 그 대신에 경력에 대한 질문과 마찬가지로 소프트 스킬에 대한 질문들도 점점 구체화되고 있다. 특정 상황에서 본인이 취했던 행동, 선호하는 조직문화, 최근 열정을 가지고 임했던 일 등 다양한 질문을 던져 지원자의 성향이나 역량을 확인하는 방식이 늘고 있다. 예를 들면 조직원들이 하기 싫어하는 일을 설득해서 일을 진행했던 사례에 대한 질문의 대답에서, 면접관은 지원자의 리더십이나 동기 부여 역량, 설득력 등을 파악할 수 있다.

면접에서 가장 극복하기 힘들었던 일에 대한 질문을 받으면 당시 상황만 이야기하고 끝내지 말자. 면접관은 지원자가 어떤 일이 힘들었는지가 궁금한 게 아니라, 어려운 상황을 어떤 방식으로 접근하고 해결하는지를 보며 지원자의 문제 해결 역량을 파악하고 싶은 것이다. 최근 열정을 가지고 임한 일에 대한 질문은 자기계발 외에도 지원자의 다양한 부분을 평가해볼 수 있다.

최근 공공기관 면접에 면접관으로 참여했을 때 이 질문에 인상적으로 답을 한 지원자가 있었다. 이 지원자는 온라인 쇼핑을 좋아해 특정 사이트를 자주 이용하면서 각고의 연구와 노력 끝에 포인트를 많이 모았는데, 이 방법을 인터넷 카페에 공유했더니 다른 회원들도 각자의 노하우를 공유하며 카페가 활성화된 경험이었다. 면접에서 포인트 모으는 이야기를 한다는 것이 좀 의아할 수 있지만, 평가하는 입장에서는 뻔하지 않은 이야기라 오히려 신선했다. 이 지원자에게서 전략적이고 분석적인 사고, 정보 수집 및 활용 능력, 조직화 역량, 정보 전달 능력, 팀워크 등 다양한 강점이 보여서 지루하지 않은 답변이었다. 엉뚱한 답변을 하라는 게 아니다. 단순히 면접자가 듣기 좋을 만한 정답만 찾지 말라는 이야기다.

당신을 왜
뽑아야 하나요?

다소 공격적인 질문으로 들려 당황할 수도 있지만, 본인을 왜 채용해야 하는지 면접관에게 강하게 어필할 수 있는 질문이기 때문에 십분 활용하기를 바란다. 대체로 이 질문은 지원동기와 본인의 경력 및 역량에 대한 구체적인 질문과 답변이 오고 간 후에 이어진다. 이 답변을 할 때 중요한 점은 나만의 차별성을 내세워 본인이 회사의 목마름을 해결할 인재라는 것을 강조해야 한다는 점이다. 기업의 현 상황과 채용 배경, 본인이 그 일을 누구보다 잘 수행할 수 있는 이유, 이 두 가지가 나만의 차별성을 보여주는 답변의 기반이 된다.

기업의 채용 배경에 대한 본인의 이해는 면접 합격뿐만 아니라 이직을 결정하는 데 반드시 필요한 요소다. 본인이 조사했던 기업이나 직무에 대한 자료 외에도 면접을 통해 추가적으로 얻을 수 있는 인사이트들이 분명히 있을 것이다. 본인이 면접관에게 직접 질문해서 얻은 답일 수도 있고, 면접관이 질문하는 내용이나 패턴을 보며 알게 된 내용일 수도 있는데, 이를 통해 기업이 어떤 인재를 찾고 있는지 알 수 있을 것이다.

기업과 포지션에 대한 이해

우선 본인이 면접을 통해 현 채용의 취지와 목표, 조직이 나아갈 방향에 대해 잘 이해했음을 보여주는 것으로 시작하면 좋다. 예를 들어 기업이 현재 신규 사업을 추진하기 위해 해당 산업에서 관련 경험을 한 인재를 찾고 있고, 채용하는 포지션은 타당성 조사부터 세부 기획 수립 및 실행 업무를 수행해야 하는 포지션이다. 그리고 기업이 지원자에게 총 5명의 조직원을 이끄는 리더

역할까지 기대한다는 본인의 이해를 보여주는 것으로 시작하면 좋다.

본인의 차별성

그 다음 본인의 차별성을 전달하면 되는데, 이 때는 좀 더 창의력을 발휘해도 괜찮다. 굳이 본인의 경력과 강점을 여러 번 반복해서 면접을 지루하게 만들 필요는 없다. 경력보다는 본인의 성향이나 열정 등을 좀 더 강조하는 게 좋다. 남다른 도전 정신으로 신규 사업 기획자가 되었고, 해당 시장이나 산업에 대한 본인의 열정이 현재까지 긍정적인 성과를 내는 원동력이 되었으며, 새로운 도전에서 더 큰 성과를 이뤄낼 자신이 있다고 여러 가지 장점과 포부를 섞은 답변도 좋다.

마지막으로 기업의 필요와 본인만의 차별성이 균형을 이뤄야 한다. 즉 답변의 방향이 기업과 자신의 동반 성장을 향해야 한다. '나는 뛰어난 사람이니 당신들이 나를 놓치면 후회할 것이다'가 아닌 자신의 차별성이 기업의 성장을 견인할 수 있는 이유를 명확하게 이야기할 수 있어야 한다. "뽑아만 주신다면 저의 능력을 힘껏 발휘하겠습니다" 같은 무의미한 간절함이 담긴 답변도 지양하자.

희망 연봉은
어떻게 되시나요?

희망 연봉에 대한 질문에는 솔직하게 답변하기를 권한다. 너무 낮게 부르면 더 높일 수 있었다는 아쉬움이 들고, 높게 부르면 탈락할 것 같다는 불안함이 느껴질 수 있다. 결론부터 이야기하면 희망 연봉 수준 때문에 지원자를 합격시키거나 탈락시키는 경우는 흔하지 않다. 여러 지원자가 똑같은 점수를 받았다면 모르겠지만, 기업 입장에서 채용하고 싶은 지원자라면 연봉은 차후 협상을 통해 조정할 것이다.

단, 본인 생각에도 희망 연봉이 너무 높다 생각하는데 그 금액이 본인이 원하는 수준이라면, 기업에 제시는 하되 논리적인 이유가 뒷받침되어야 할 것이다. 얼마 전 좋은 경력을 보유한 지원자에게 이직 시 희망 연봉을 물어봤을 때 현재 연봉보다 30% 인상을 원한다는 답변을 받았다. 이 때 지원자가 그런 파격적인 대우를 받아야 한다는 이유를 논리적으로 설명했다면 지원자의 높은 희망 연봉을 어느 정도 이해할 수 있겠지만, 지원자는 이직을 통해 연봉을 올리고 싶다는 말만 반복했다. 필자가 면접관이 아니라 그랬을 수도 있지만, 면접장에서 같은 질문을 받아도 지원자가 그럴싸한 설득력 있는 답변은 하지 못할 것이라 생각했다. 이직으로 연봉 인상을 원한다면 본인의 현재 처우를 이야기하고 본인의 가능성에 대해 좀 더 자세하고 설득력 있는 답변을 준비해가기를 권한다. 아무리 궁리해도 적절한 답변이 어렵다면 내부 기준에 맞추겠다는 답변도 면접 단계에서는 나쁘지 않으니, 희망 연봉 때문에 너무 고민하지 말자.

압박 면접을
대하는 자세

정확한 평가를 위한 질문이 대부분이겠지만, 가끔씩 답변하기 어려운 예민한 질문들이 툭 튀어나오곤 한다. 사실 이런 질문들은 대부분 지원자의 위기 대처 능력이나 논리적 사고를 평가해야 할 뿐만 아니라, 몇 가지 사항을 꼭 확인하기 위한 것이다.

　다른 곳에서 이직 제안을 받으면 또 이직할 것이냐는 질문이나, 지원자의 약점을 교묘히 지적하며 꼬리에 꼬리를 무는 질문을 받을 수도 있다. 흔히 우리가 이야기하는 압박 면접에서 등장하는 질문들이다. 지원자의 위기 대처 능력이나 전략적 사고,

순발력 등을 평가하는 방식이라고 하지만, 개인적으로 없어졌으면 하는 질문들이다. 반면 업무 해결 능력이나 문제 해결 방식에 대한 꼬리를 무는 어려운 질문은 어떤 의미에서는 건강한 압박 면접의 형태다. 구조화가 잘 되어 있다면 질문을 받는 지원자에게는 힘들지만 좋은 면접 방식이 될 수 있다. 하지만 단순히 지원자를 긴장시키기 위한 목적의 질문이라면, 기업들도 지양해야 한다고 생각한다.

압박 면접에서 가장 중요한 것은 압박당하지 않는 것이다. 당황할 필요도 없고 기분이 상해 면접관과 기싸움을 할 필요가 전혀 없다. 만약 "성격이 독립적이신 것 같은데 우리 조직에 적응할 수 있나요?" "이직이 잦은데 인내심이 없는 것 아닌가요?" 등 성향에 대한 질문을 받는다면 이에 반박하거나 흥분하지 말고 대처할 수 있는 방법을 침착하게 이야기하면 된다.

개인적으로 정말 해서는 안 되는 질문이라고 생각하지만, 혹시라도 육아 때문에 야근을 못하는 것은 아닌지, 결혼 계획은 어떻게 되는지 등과 같은 지극히 사적인 질문을 받는다고 해도, 당황하지 말고 본인의 의견을 소신 있게 말하면 된다. 합격을 위한 답변을 만들어내다 보면 오히려 부자연스러울 수 있다.

면접관의 태도가 우호적이지 않더라도 최대한 평정심을 잃지 않고 대처하면 된다. 그리고 건강하지 못한 압박 면접을 진행하는 기업은 기업문화도 비슷할 수 있기 때문에 합격해도 적응하기 힘들 수 있다. 너무 합격에 연연하지 말자. 본인이 거절할 수 있음을 늘 기억하자.

마지막으로 질문이나 하실 말씀이 있으신가요?

서로 팽팽한 긴장 상태 속에서 드디어 마지막까지 왔다. 보통 면접 마지막에 지원자에게 질문이나 하고 싶은 이야기를 할 수 있는 기회가 주어지는데 할 말이 없으면 굳이 하지 않아도 괜찮다. 간단히 "시간 내주셔서 감사하고 긍정적인 답변 기대하겠습니다" 같은 간결한 인사면 충분하다. 준비한 답변이 있다고 마지막까지 의미 없이 늘어 놓는 것은 채용 합격에 도움이 되지 않는다. 혹시 본인이 꼭 강조하고 싶었던 강점이나 경험이 있었는데 미처 못 했다면 마지막에 해도 되지만, 면접관이 관심 없는 부분이라 질문하지 않았을 가능성이 크다. 상황과 맥락을 판단해 반드시 면접관이 알아야 할 추가적 강점이 있다면 최대한 간결하게 답변하면 좋다.

이직을 결정하기 위해 고려해야 할 것들, 예를 들면 사업 투자 기획이나 조직 구성, 리포트 라인$^{Report\ line}$(조직 구조상 업무를 보고하는 상사)에 대한 질문은 좋은 질문이기 이전에 '필요한 질문'이다. 연봉이나 복리후생 질문은 면접관에게 부정적인 인상을 심어주지는 않지만 그 자리에서 확실한 답변을 얻지 못할 가능성이 크기 때문에 합격 후 본격적으로 알아보기를 권한다. 휴가나 워라밸도 마찬가지다.

면접관도 잘못된 질문을 하기도 있지만 지원자들도 마찬가지다. 예를 들면 해당 포지션이 오랜 기간 채용 중인데 채용하기 어려운 이유가 무엇인지, 기업의 퇴사율이 높은 편인데 그 이유가 무엇인지 같은 질문은 어차피 정확한 답변을 얻을 수 없을 뿐만 아니라 부정적인 인상만 심어준다. 그리고 꽤 많은 지원자가 자신이 지원한 포지션에서 필요한 역량 혹은 기업의 인재상을 질문한다. 지원자 입장에서는 전략적으로 준비한 질문일 수 있지만, 오히려 면접 과정에서 저런 중요 사항들을 알아차리지 못했다는 부족함만 드러내는 질문이다.

여러 채용 단계 중에서 면접은 1시간도 채 안 되는 시간에 평가되고 채용 합격에 큰 영향을 주는 과정인 만큼, 지원자 입장에서는 긴장하지 않을 수 없다. 하지만 면접도 대화의 형태일 뿐이다. 좋은 대화의 필수요소는 공감대 형성이다. 면접 과정에서 개인의 역량과 기업의 방향성이 좋은 시너지를 낼 수 있는지 검증되어야 하고 더 나아가 공통의 목표가 공유되어야 한다. 기업의 궁극적 목표는 성장이기 때문에, 지원자는 자신을 채용 시 기업이 긍정적인 결과가 기대할 수 있도록 이끌어가면 된다. 또한 자신감과 겸손함의 균형도 중요하게 생각해야 한다. 본인이 타고난 것은 겸손함으로, 스스로 이룬 것은 자신감으로 적절히 조합해서 자신을 소개할 수 있는 지원자는 어디에서나 환영받을 수 있다.

다양한 면접 형식에 따른
준비 방법

가장 보편적인 면접 방식은 사람이 사람을 평가하는 전통적 방식이다. 하지만 최근 몇 년간 면접 방식은 다양해졌다. 코로나 19 팬데믹 이전에도 일부 시행되었던 화상 면접이 보편화되기 시작했고, 면접관의 선호도에 따라 정확한 평가를 어렵게 하는 확증 편향 등의 오류를 줄이기 위해 다양한 채용 도구가 개발되어 시행되고 있다. 새로운 방식들은 높은 효율성과 정확성 등 장점이 많지만, 지원자 입장에서는 점점 고도화되고 다양해지는 면접 방식이 부담스러울 수 있다. 하지만 전략적으로 준비한다면 지원자에게도 유리한 점이 많은 만큼 절대 포기하지 말고 체계적으로 준비해보자.

보편화된
화상 면접

예전에도 일부 시행되었지만 코로나19 팬데믹 이후로 급속하게 보편화된 화상 면접은, 도입 초반에는 기업과 지원자 모두에게 익숙하지 않은 방식이었다. 물리적인 접촉 자체가 제한된 시기에 잠시 모든 채용 과정이 멈춘 적도 있지만, 기업들은 화상 면접처럼 상황을 해결할 수 있는 방법을 찾아가기 시작했다. 엔데믹으로 모든 제한이 풀리고 다시 대면 면접이 늘어나고 있지만, 1차 면접은 비대면으로 시행하는 기업도 여전히 많다.

단순히 기존 채용 방식을 대체하는 방식에서 좀 더 정확한 평가 도구로 화상 면접은 진화하고 있다. 처음에는 모두에게 익숙하지 않은 방법이었기 때문에 시행착오도 많았다. 또한 대면 면접에서 나눌 수 있는 교감이나 의견 교환이 원활하지 않다고 느꼈다.

그런데 경험이 쌓이며 서서히 비대면 면접의 장점들이 발현되기 시작했다. 지원자나 기업 모두 시간과 공간의 제약을 덜 받다 보니, 보다 수월한 면접 진행이 가능하다는 장점이 있다. 또한 면접 질문과 답변이 화면으로 진행되다 보니, 보다 정교하게 질문하고 답변하며 정확한 평가가 내려질 수 있다. 적어진 시공간 제약으로 보다 많은 면접관이 참여해 다양한 평가 의견을 수렴함으로써, 좋은 후보를 선별할 수 있다는 장점이 있다. 현장에서 나누는 직접적인 감정 교류가 없어지다 보니 면접자가 지원자의 답변을 보다 객관적으로 평가할 수 있게 되었다. 그리고 지원자는 이를 대비하기 위해 재단된 답변을 준비해야한다. 그만큼 본인의 핵심 역량과 강점, 정확한 기업 및 직무 분석으로 얻은 인사이트를 기반으로 면접을 준비할 수 있으니, 자신의 진짜 실력을 보여주며 본인에게 맞는 기업을 찾아갈 수 있는 채용 환경으로 바뀌고 있다는 긍정적인 신호다.

대면 면접에서는 잠시 대화가 끊기거나 시선이 다른 곳을 향해도 크게 티가 나지 않지만 화상 면접에서는 몇 초도 정말 길게 느껴질 수 있다. 최대한 질문과 답변 간격에 공백이 없도록 철저히 준비하고, 시선도 면접관을 집중할 수 있도록 하자.

또한 면접 환경도 신경 써야 한다. 많은 사람이 간과하는 것이 면접 환경이다. 가끔 주변 소음이 들리거나 화면이 안정적이지 않은 공간에서 화상 면접에 참여하는 후보들이 있다. 면접에만 집중할 수 있는 조용하고 사적인 공간에서 진행하기를 권한다. 불가피한 사정으로 적절한 환경을 확보하지 못했다면 면접 시작 시 면접관에게 꼭 양해라도 구하자.

AI, VR, 메타버스도 결국 사람이 중요하다

AI 면접

비대면 채용 방식은 화상 면접 외 여러 가지가 있다. 가장 많이 채택되는 방식이 AI 면접이다. AI 면접은 실제 채용 담당자들의 인사이트를 학습한 솔루션이 면접을 수행하는 방식이다.

사실 도입 초반에는 기계가 평가한다는 것이 익숙하지도 않고 상대방 없이 답변한다는 게 지원자 입장에서는 영 어색했다. AI 역량 검사 솔루션 기업인 '마이다스아이티'에 따르면 AI 역량 검사를 도입한 기업은 2022년 630곳이며 2019년 대비 2배 이상 증가했다. 이제는 AI 면접을 채택하고 있는 기업이 점점 많아지고 있고 직접 경험해본 지원자도 많다.

　AI 면접은 크게 두 가지 평가에 활용된다. 첫 번째는 성격 장단점 등 정답이 없는 기본 질문으로 인성이나 성향을 평가한다. 두 번째는 특정 사례 질문이나 게임으로 문제 해결 역량이나 전략 수립 역량 등을 평가한다.

　AI 면접 도입 단계에는 기본적인 질문들을 반복적으로 해서 지원자의 답변 패턴을 평가하는 방식이었지만 이 역시 점점 진화하고 있다. 우선 인성 검사 수행 시 꼭 염두에 둬야 할 것은 솔직함과 일관성을 유지하는 것이다. AI 인성 면접은 대부분 정답인지 아닌지를 평가하는 것보다 답변의 일관성과 신뢰도, 의사결정 방식이나 집중력 변화 등을 감지한다. 지원자가 미처 준비하지 못한 질문이 나왔을 때 당황해서 표정의 변화가 나타나거나 답변 속도가 늦어지며 머뭇거리는 모습을 보인다면, AI는 지원자를 진취적 성향 대신 위험 회피형으로 평가한다. 혹은 반복되는 질문에 다른 답변을 한다면 지원자의 신뢰도를 낮게 평가한다. 물론 답변 한 번 잘못했다고 위험 회피형으로 평가된다면 지원자 입장에서는 억울하겠지만, 다행스럽게도 AI 인성 평가가 그렇게 허술하게 설계되지는 않았다.

　AI 면접의 두 번째 평가 방식은 게임이다. 게임으로 지원자의 역량을 평가하는 방식은 지원자가 준비하려고 해도 어떤 게임이 등장할지 모르는 상황이니 막막할 수밖에 없다. 주로 도형 옮기기, 날씨 맞추기, 사람 얼굴 기억하기 게임인데 업무와 직접적인 연관성이 없는 어려운 지능 테스트같이 보일 수 있다. 지원자가 게임을 할 때 직무에 필요한 핵심 역량에 영향을 주는 뇌의 각 부위 활성화 정도를 측정해서 지원자의 적극성이나 전략적 사고, 공감력, 실행력 등을 평가한다. 면접관이 질문을 하거나 AI가 질문을 할 때는 어떤 부분을 평가하기 위한 질문인지 지원자가 어느 정도 파악이 가능하고 이에 맞춰 대답을 할 수 있다. 하지만 AI 게임은 지원자 입장에서 게임의 의도를 파악하기가 어렵다. AI 게임은 긴장을 풀고 자신감을 가지고 접근하는 것이 가장 중요하며 미리 모의게임들을 연습해보며 익숙해지기를 권한다.

아직 AI가 모든 면접 과정을 대체하기에는 완벽한 평가 도구가 아니다. 아무리 정교하게 설계되었다 한들 결국 알고리즘도 사람이 만들기 때문에 오류가 있을 수밖에 없다. 편안한 마음과 자신감이 AI 면접에서 가장 중요한 준비물임을 꼭 기억하자.

VR 면접과 메타버스 면접

특정 기기를 착용하고 온라인에서 진행하는 VR 면접 혹은 플랫폼을 통해서 가상 현실에서 진행하는 메타버스 면접도 점점 확산되고 있다(사실 두 면접 형태는 혼용되어 진행되는 경우가 많다). 특히 메타버스는 면접 외에도 채용 박람회나 신입 사원 교육 등 다양한 방식으로 활용되고 있다. 화상 면접을 가상 공간에서 진행한다는 것뿐이라는 평가도 있지만, 기업 입장에서는 비용 절감 및 물리적 효율성, 그리고 무엇보다 더 많은 인재를 검토할 수 있는 방식이기 때문에 앞으로 더욱 진화하고 활용도도 높아질 것이라 예상한다. 지원자 입장에서도 다른 비대면 면접 장점에 일부 블라인드 채용 효과까지 있어서 공정한 면접 방식을 기대할 수 있다는 장점이 있다.

반면 새로 도입된 면접 방식이다 보니 기술적 환경이 완벽하지 않고, 굳이 이런 복잡한 방식이 필요하냐는 부정적인 의견도 있다. 2021년 잡코리아가 메타버스 면접을 경험했던 지원자들을 대상으로 조사한 결과에 따르면 '메타버스 면접 시 면접관의 의도를 정확히 파악하기 어렵다(31.0%)' '메타버스에 익숙하지 않아 정보 격차가 더 벌어질 우려가 있다(25.7%)' '현실 면접보다 긴장감이 떨어져 집중도가 떨어진다(17.5%)' 'AI 활용 과정 중 데이터 편향적인 면접 결과가 우려된다(11.4%)' 등의 우려도 감지되었다.

하지만 점차 확대되는 추세이므로 이직을 준비한다면 이에 대한 대비가 필요하다. 먼저 지원자들의 메타버스 경험치가 모두 다르기 때문에 면접 환경에 영향을 받지 않도록 디지털 환경이 최대한 잘 갖춰진 공간에서 진행해야 한다. 모의 면접 등으로 면접 전에 메타버스 환경과 친숙해지는 것도 잊지 말자. 다른 면접과 마찬가지로 질문에 충실하게 답변하고 가능하다면 가상 공간에서 본인의 강점을 효과적으로 보여줄 수 있는 PPT 같은 보조 자료들을 준비하면 좋다.

아직은 익숙하지 않은 면접 방식 때문에 많은 지원자가 고민스러울 것이다. AI 면접 스터디나 학원까지 등장했지만 방식이나 평가 기준이 상대적으로 덜 알려졌기 때문에 이직 시장에서 받아들이는 속도는 예상보다 느린 편이다. 알고리즘을 만드는 것은 결국 인간이기 때문에 완벽한 평가 도구가 되기는 어렵다는 문제도 있다. 최근 아마존이 성별에 따른 편향된 학습 데이터 때문에 AI 채용 프로그램을 폐기한 것과 같이, 아직은 보완할 게 많은 방식이다.

하지만 기업은 양적, 질적인 편리함과 비용 및 시간 절감, 비교적 편향 없는 평가 등으로 앞으로 더욱 확대될 면접 방식임은 틀림없다. 평가 방식의 정확도 및 공정성은 물론 관련 법규나 규제도 함께 발전할 것이다. 그러니 기계가 왜 자신을 불합격시켰는지 이유도 모르는 채 같은 실수를 반복하며 속상해하지 말고 함께 전략적으로 준비하자.

자신이 직접 주도할 수 있는 PT 면접

면접도 긴장되는데 수많은 면접관 앞에서 발표까지 해야 한다면 걱정이 앞서는 것은 당연하다. 하지만 면접을 한 번만 진행하는 기업들은 거의 없다. 오히려 최종 면접을 PT 면접으로 진행하는 기업이 점점 늘고 있기 때문에 익숙해져야 한다. 힘들게 여러 과정을 거쳐왔는데 최종 단계에서 탈락하는 아쉬운 상황을 피하기 위해서는 면밀한 준비와 전략이 필요하다.

필자와 오랜 기간 함께 일하고 있는 한 한 강소기업은 10년 전부터 1차 면접을 PT 면접으로 진행했다. 지원자 입장에서는 최종 면접이면 모를까 1차 면접부터 PT 면접이라는 것이 적잖이 부담스럽고 막막할 수밖에 없었다. 전략적인 준비 방법을 몰랐던 대다수의 지원자가 PT 면접에서 이력서와 경력소개서 내용을 바탕으로 본인의 경력을 순서대로 발표했고, 이들은 결국 좋은 평가를 받지 못했다.

기업이 PT 면접을 실시하는 이유는 지원자의 기업 및 업무 분석 역량, 의견 피력과 설득 역량을 평가하기 위함이다. 자료 정리 및 발표 역량과 태도도 평가할 수 있다. 회사 업무와 많이 비슷하다. 본인이 조직 내부 혹은 외부 기관을 대상으로 발표한다고 생각하면 된다. 예를 들어 B2B 영업으로 전산 프로그램을 판매하기 위해 발표를 한다고 했을 때, 제품 소개와 강점만 이야기한다면 구매 담당자는 큰 매력을 느끼지 못할 수 있다. 기업이 현재 쓰고 있는 프로그램과 자신이 소개하고 있는 프로그램을 비교했을 때 차별점이 있어야 하고, 소개하는 프로그램을 기업에서 사용할 때 기대할 수 있는 업무 효율성 증가 및 비용 절감 등이 뒷받침되어야 한다.

PT 면접도 마찬가지다. 본인의 강점과 차별성을 어필해서 자신을 채용했을 때 기업이 기대할 수 있는 효과가 반드시 뒤따라와야 한다. 전략적인 시간 분배도 이뤄져야 한다. 모든 발표가 그렇지만 명료함과 명확함이 가장 중요하다. 본인 소개도 물론 중요하지만 서론이 너무 길면 면접관들의 집중도가 떨어질 수밖에 없다. 짧지만 핵심을 담은 본인의 경력소개, 지원하는 기업 및 해당 시장 분석을 기반으로 본인이 기업 성장에 기여할 수 있는 부분, 질의 응답에 대한 시간 분배를 적절히 해야 한다. 본인의 주장이나 의견도 적절히 피력해야 한다. 서류 및 기타 면접과 마찬가지로 면접관들의 기억에 남으려면 잘 정리된 경력에 본인의 사고 과정을 거쳐 도출된 결과를 어필할 수 있어야 한다. 앞서 예시로 들었던 전산 프로그램 영업 방식을 PT 면접에 대입한다면 지원한 기업을 분석해서 강점과 개선점에 대한 본인의 생각을 발표하고, '나'라는 자원을 영입했을 때 기업이 기대할 수 있는 긍정적 결과를 제시해볼 수 있다. 이런 방식으로 발표하면 면접관들의 뇌리에 확실히 각인될 것이다.

PT 면접은 본인이 면접을 주도적으로 이끌어갈 수 있다는 장점이 있다. PT 면접을 마치고 이어지는 응답 때 이 장점을 잘 살릴 수 있도록 전략적으로 준비해야 한다. 본인이 가장 자신 있게 답변할 수 있는 질문을 예상하고 추려서 발표 시 강조하거나 추가 질문을 유도할 수 있는 방식으로 발표하는 것이다. 예를 들어 전산 프로그램 영업 담당자로서 이룬 본인의 구체적 성과를 발표했을 때 예상할 수 있는 질문은 구체적인 목표 달성

과정, 영업 시 발생할 수 있는 문제 해결 역량 및 고객 관리 역량 등이 있을 것이다. 물론 돌발 질문이 있을 수는 있지만 PT 면접을 준비할 때 본인의 발표 내용에 따라 예상되는 질문들을 꼭 염두에 두자. 또한 답변할 때 왜 이 질문을 받았는지 질문 의도를 정확히 파악하고 명확하게 답변하는 것이 중요하다. 추가 질문을 받았을 때 이미 발표했던 내용을 또 반복하면 오히려 감점이 될 수 있다. 정답에 연연하지 말고 본인의 소신을 논리적으로 밝히는 게 좋다.

발표 자료를 준비할 때 양에 너무 집착하지 말자. 내용이 지나치게 많으면 오히려 면접관들의 집중도가 떨어질 수 있다. PT 면접에서 자료 작성 능력도 평가받는다는 것을 잊지 말자. 너무 화려한 자료보다는 깔끔하게 핵심을 도식화한 자료가 내용 전달에 훨씬 효과적이다. 발표할 모든 내용을 자료에 담을 필요도 없다. 오히려 중요한 핵심 키워드 위주의 간결한 자료에 구두 발표를 더한다면 면접관들의 집중도를 높일 수 있다.

발표 방식 역시 중요하다. 복수의 면접관과 골고루 시선을 자연스럽게 교류하며 적절한 속도와 발음으로 발표하는 것은 너무나도 당연한 말 같지만, 긴장한 상태에서는 쉽지 않은 일이다. PT 면접을 열심히 준비했어도 산만한 손짓이나 애매한 단어 선택은 평가에 부정적인 영향을 끼칠 수 있으니 조심해야 한다. 결국 많은 연습과 자신감으로 흐름을 주도할 수 있어야 한다.

여러 사람과의 호흡과 균형이 중요한 그룹 면접

경력직 채용 면접에서 많이 쓰이는 방식은 아니지만 기업의 여건이나 평가하고자 하는 방식에 따라 여러 명의 지원자가 동시에 면접을 진행하는 경우가 있다. 오히려 여러 사람과 경쟁해야 하니 혼자일 때보다 더 긴장될 수 있다. 게다가 자신이 열심히 준비한 예상 답변을 다른 지원자가 먼저 답변한다면 아찔하다.

그룹 면접도 사실 일반 면접과 다르지 않다. 다른 지원자를 지나치게 의식하거나 과도한 경쟁의식을 가지지 않으면 된다. 만약 다른 지원자와 같은 질문을 받은 상황에서 본인이 하려던 말을 다른 지원자가 먼저 답변했다면, 억지로 차별화된 답변을 하기보다는, 본인이 준비한 내용을 충실히 답변하면 된다. 내용이 충실하고 자신만의 논리가 분명하다면 다른 지원자의 답변을 따라했다고 생각할 면접관은 없다. 그러므로 다른 지원자의

177

답변을 지나치게 의식할 필요도 없다. 본인보다 더 뛰어난 답변을 하는 지원자가 있으면 불안해질 수밖에 없지만, 답변 하나에 합격이 좌지우지되지 않는다. 그러므로 자신을 믿고 준비해온 최선을 다하는 자세가 필요하다.

토론 면접

토론 면접은 사회적 이슈같이 찬반의 형식으로 논의해 결론을 도출해낼 수 있는 주제로 지원자의 논리력, 의견 제시와 조율 방식, 리더십, 협력 방식 등을 평가하는 면접 방식이다.

본인의 생각과는 상관없이 찬반으로 나뉘기 때문에 평소에 찬성하는 의제 토론에 반대 입장으로 지정된다면 적잖이 당황스러울 수 있다. 토론 면접은 답변에 대한 평가가 아니라 논리를 도출해내는 방식 및 반대 의견과의 조율 방식 등을 평가하기 때문에 유연한 사고와 태도로 참여하면 된다. 상대방을 설득하는 데 너무 집착해 반대 의견을 지나치게 공격한다면 협업하는 데 문제가 있는 독불장군으로 평가될 수 있다. 반대로 공격당했을 때 지나치게 감정적으로 대하는 것도 금물이다. 싸우러 온 것이 아니다. 경청과 명확한 의견 제시를 균형 있게 하는 것이 매우 중요하다.

몇 년 전 공공기관 신입 사원 채용 면접에 면접관으로 참여한 적이 있다. 임금 피크제 도입을 주제로 한 토론 면접에서 가장 많이 발언했던 한 지원자에게 필자 포함 모든 면접관이 가장 낮은 점수를 줬다. 본인의 주장을 펼치는 것에 치우치다 보니 상대방의 의견을 경청하고 협력하려는 태도가 전혀 보이지 않았기 때문이다. 좋은 점수를 받고 싶은 마음은 십분 이해하나 본인이 가장 눈에 띄어야 좋은 평가를 받을 수 있다고 착각한 것 같아 개인적으로 안타까웠다. 토론은 함께 하는 것이지 혼자 하는 것이 아님을 꼭 기억하자.

롤플레이 면접

롤플레이 면접은 요즘에는 비용과 물리적 환경 때문에 잘 시행하지는 않지만, 필자는 지원자가 실제 업무에 투입되었을 때 기대되는 업무 방식과 역량을 평가할 수 있는 꽤 좋은 평가 방식이라고 생각한다.

몇 년 전 금융 기업 신입 사원 채용을 위한 롤플레이 면접에 면접관으로 참석한 때가 기억에 남는다. 당시 본인이 가입한 상품을 잘못 이해하고 불만을 제기하는 고객을 상담하는 역할 수행을 평가하는 방식이었는데, 관련 경험이 없는 신입 지원자가 정답을 제시할 것이라 기대하지 않았다. 그런데 한 지원자가 모범 답안 같은 역할 수행으로 좋은 점수를 받았다. 이 지원자는 고객의 의견을 끝까지 경청하고 불편을 끼쳐서 죄송하다는 말로 시작해 모든 면접관의 눈길을 끌었다. 구체적인 해결 방식은 정확하게 기억나지 않지만 진중한 태도로 "이렇게 해결해드리면 될까요?"라는 말로 고객의 의견을 되물어 뛰어난 의사소통 능력을 보였다. 최종까지 합격했는지는 알 수 없지만, 그 지원자는 어떤 역할이든 잘 수행하고 있다고 믿는다.

형식적인 절차가 아닌 인적성 검사

이제는 거의 모든 기업에서 인적성 검사를 실시한다. 대부분 온라인으로 진행하며, 원래는 대부분 면접 합격 후 진행했지만 최근 들어 면접 전에 진행하는 경우가 늘고 있다. 각 기업들이 직접 개발한 평가 도구도 있고 유명 관련 기관들이 개발한 도구를 차용해서 사용하기도 한다.

이력서와 면접이 합격에 가장 큰 영향을 주지만 기업들이 적지 않은 비용을 들여 인적성 검사를 실시하는 이유는 교차 검증을 하기 위함이다. 물론 숙련된 채용 담당자들이 서류 평가와 면접 과정에서 인재를 잘못 판단하는 경우는 많지 않을 것이다. 하지만 엄청난 공을 들여 재단된 문장과 답변을 한 지원자를 평가하는 데 오류가 없는지 확인하고, 면접에서 직접적으로 평가하기 어려웠던 업무 수행 능력이나 인성에 대해 정확한 평가를 하기 위한 도구로 인적성 검사가 사용된다. 예전에는 면접만 통과하면 인적성 검사는 형식적으로 진행한다는 잘못된 인식도 있었지만, 이는 잘못된 생각이다. 기업들이 시간과 비용을 들여 굳이 형식적으로 진행할 이유는 없다.

인성 검사

인성 검사는 준비가 불가능하다. 익히 알려진 것처럼 유사한 질문을 반복해 지원자의 신뢰성을 평가한다. 도전적인 성향이 중요한 직무에 지원한 지원자가 면접에서 자신의 진취적 성향을 강조했는데, 정작 인성 검사 결과에서 반대 성향으로 나올 수 있다. 직접적으로 "당신은 도전적인 성향을 지녔습니까?"라고 질문하는 형태가 아니라 여러 번 반복되는 질문에 대한 답변들을 종합해서 지원자의 성향을 평가하기 때문이다. 그렇기 때문에 인성 검사에서 가장 중요한 것은 솔직함이다. 기업의 인재상에 맞춘 솔직하지 못한 대답은 본인의 인성이 잘못 평가되어 영향을 줄 수 있음을 꼭 기억하자.

적성 검사

반면 적성 검사는 어느 정도 준비가 가능하며, 다양한 문제를 통해 지원자의 업무 역량을 평가하는 검사다. 적성 검사는 경험으로 얻은 것이 아닌 언어 이해력이나 추리력, 분석력, 수리력 등 지원자가 기본적으로 가지고 있는 역량을 평가하는 것이다. 수능보다 어렵다는 지원자들도 있는 만큼 난도가 높다. 다행스러운 것은 준비가 가능하니, 모의시험 등으로 출제 패턴을 익히면 충분히 본인의 실력 발휘를 할 수 있을 것이다.

대면과 비대면, 현실과 가상 공간, 일대일 면접과 그룹 면접 등 환경과 형태의 차이는 있지만, 결국 면접은 사람이 사람을 평가하는 것이고 늘 오류의 가능성은 존재한다. 그 오류들을 최소화해서 좋은 인재를 공정하게 평가하기 위해 다양한 면접 방식들이 생겨나고 진화하는 것이다. 지원자 입장에서는 준비할 것이 더욱 많아져서 안 그래도 어려운 합격 여정이 더욱 힘들게 느껴질 수 있지만, 충분히 대비가 가능하다.

어떠한 방식의 면접이든 본인을 채용했을 때 기업이 얻을 수 있는 효과를 분명히 제시하는 것이 가장 중요하다. 여기에 진정성과 상대방에 대한 존중, 에너지, 자신감과 겸손함을 겸비한다면 본인의 경력과 역량의 긍정적 평가는 배가될 수밖에 없다.

규모별, 산업별, 직무별
면접 준비 방법

기업의 규모, 혹은 산업이나 환경에 따라 기업문화가 형성되고, 이러한 차이를 감지할 수 있는 것 중 하나가 바로 면접 방식이다. 대기업과 스타트업에서 원하는 인재상이 다른 것은 일하는 방식의 차이, 활용할 수 있는 자원, 의사결정 방식 등 경영 환경과 경영 방식이 다르기 때문이다. 좋은 인재를 선별해 확보하겠다는 목표는 어떤 형태의 기업이든 모두 같지만, 그 방법에는 차이점이 있다. 지금부터는 지원하는 기업에 따라 전략을 어떻게 세워야 할지 대해 알아보자.

기업 규모별
면접 준비 방법

대기업

이직을 희망하는 사람들과 상담하다 보면, 현재 본인이 재직 중인 기업보다 규모가 큰 기업으로의 이직을 원하는 경우가 많다. 현재 대기업에 재직 중이라도 역시 비슷한 규모나 구조의 대기업을 선호한다. 경력 개발이나 처우와 업무 등을 생각할 때 대기업의 장점을 쉽게 포기하기 어려운 것은 당연하다.

오랜 기간 국내 채용 시장에서 큰 비중을 차지했던 대기업 중심의 그룹 공채는 기업 경영 방식의 변화로 거의 사라지기는 했지만, 현재 대기업들의 채용 방식과 유사점이 있다. 오늘날 대기업들은 결원이 생기면 채용하는 수시 채용을 진행하는데, 여러 직무를 동시에 대규모로 채용하므로 '대규모 채용'이라는 공통점이 있다. 차이점은 이전에는 직무와 경험에 대한 구분 없이 대규모로 채용해 일정 기간 교육과 면담 후 각 계열사나 부서로 배치했다면, 현재는 직무 중심의 채용을 한다는 점이다.

대기업은 거대한 채용 규모와 엄청난 지원자 수로 채용에 적지 않은 비용이 들지만 그만큼 채용에 쓸 수 있는 예산도 있기 때문에 채용 과정을 보다 세밀하게 설계할 수 있다. 서류 심사 시 AI 기반 평가를 하거나 메타버스 면접을 진행하는 등 새로운 평가 기법을 도입해 많은 수의 지원자를 선별하기도 한다.

여러 번 반복하는 말이지만, 지원자들의 경력과 역량은 어느 정도 상향 평준화되어 있고, 많은 준비를 하기 때문에 차별화된 경쟁력이 중요하다. 그래서 오히려 인성이나 조직 적합성이 차별점이 될 수 있다. 대기업은 직무가 분명하고 조직이 거대하기 때문에 자신의 역할을 충실히 수행하고 여러 사람과 융합해서 성과를 낼 수 있는 인재가 필요하다. 그래서 직무 적합성만큼은 조직문화와 가장 유사하고 협업 시 성과를 낼 수 있는 인재를 선호할 수밖에 없다. 그러므로 기업에서 요구하는 직무 관련 질문에 충실히 답변하는 것 외 본인의 조직 적응력, 협업 능력 등을 강조하면 좋다. 기업 인재상 숙지가 중요하다.

대기업 채용 정보는 중소기업이나 스타트업에 비해 상대적으로 많다. 인적성 검사도 대부분의 대기업이 직접 개발한 도구를 사용하기 때문에 미리 유형을 살펴보는 것도 큰 도움이 된다.

몇십 년의 업력을 가진 대기업들도 있고 IT 기반으로 급성장한 대기업들도 있기 때문에 모든 대기업이 선호하는 인재상이 같다고 보기는 어렵지만, 결국은 실력이 비슷하게 우수한 지원자들 사이에서 선발되어야 하기 때문에 조직원으로서 지원자의 역량이 보다 중요하게 평가될 수 있다. 상대적으로 작은 조직에서 대기업으로 이직하는 지원자의 채용을 검토하는 입장에서도 지원자가 큰 조직에 적응할 수 있을지에 대한 우려가 있을 수 있기 때문에 이 부분에 대한 질문을 집중적으로 할 가능성이 크다. 그러므로 이에 대한 답변을 준비하는 것이 필요하다.

중소기업

중소기업은 보통 결원이나 충원 등의 이유로 인력을 채용하는 경우가 많다. 사실 중소기업은 좋은 인재를 찾는 데 가장 어려움이 많은 조직일 수 있다. 기업 인지도가 상대적으로 낮을 뿐만 아니라, 처우나 복리후생 등 대기업과 비교해서 지원자들에게 매력적인 요소가 적기 때문이다.

중소기업은 당장 업무를 수행할 1명 혹은 소수 인원만 채용하기 때문에 대기업 면접과 비교했을 때 실질적인 직무 관련 질문이 집중될 수 있다. 이런 일을 할 사람을 찾고 있는데 지원자가 할 수 있는지를 단도직입적으로 질문하기 때문에 이에 대한 구체적인 답변을 준비하는 게 좋다.

사실 중소기업 면접 후기들을 보면 종종 적잖이 당황하거나 불편했다는 내용을 발견할 수 있다. 조직문화의 문제일수도 있지만, 괜찮은 회사인데도 채용 방법이 체계화되어 있지 않은 경우도 많다. 조직 내부에서 구조화되어 있지 않을 가능성이 크고 현실적으로 체계적인 단계별 면접을 진행할 여력이 없는 경우도 많다. 면접 분위기가 기분 좋게 흘러가지 않았다고 하더라도 여러 요소를 객관적으로 판단하는 시각이 필요하다. 하고 싶은 일이지만 면접관으로 참석한 회사 임원이 자신의 성향과 잘 맞지 않는다고 느껴진다면 자신에게 무엇이 더 중요한지 고민해봐야 한다.

당연한 이야기겠지만 기업의 최근 보도자료 등을 찾아보며 현재 동향 및 사업 현황, 매출액이나 재무 구조 등 최대한 많은 정보를 숙지하고 면접에 참석해야 한다. 면접 후기들도 도움이 될 수 있지만 부정적인 내용은 가급적 객관적으로 판단하도록 하자.

스타트업

이직을 고민하는 많은 사람이 관심을 두는 스타트업은 상대적으로 자유로운 분위기에서 면접이 진행된다는 인식이 있지만, 준비 없이 편하게 임하라는 말이 절대 아니다. 지원하고자 하는 스타트업의 태생 배경과 비전, 업무 환경 등을 이해하면 면접 준비 방향을 잡는 데 많은 도움이 된다. 이미 어느 정도 큰 규모로 성장한 스타트업도 있지만 대부분의 스타트업은 아직 세상에 많이 알려져야 하는 경우가 많다. 면접 시작 전에 면접관이 기업소개를 먼저 하는 경우가 많겠지만, 지원자는 회사에 대해 조사하며 궁금하거나 확인이 필요한 부분에 대한 질문을 많이 준비해가면 좋다. 특히 본인이 지원하는 직무와 맡게 될 업무에서 기대하는 바를 질문으로 활용하면 좋다.

왜 스타트업에 지원하는지에 대한 질문을 받을 가능성도 크다. 발전 가능성과 자유로운 환경, 진취적이고 유연한 기업문화 등 스타트업에 대한 막연한 환상만 있는 것은 아닌지 확인하기 위해서다. 이 답변을 준비하면서 왜 스타트업에 가고 싶은지 본인의 생각을 정리해보기를 권한다. 스타트업은 한정된 자원과 불안정한 환경에서 1인 다역을 소화해야 하는 경우가 많고 성공 가능성은 그 누구도 장담할 수 없기 때문에 이직 결정은 신중해야 한다. 흔히 스타트업은 실력이 매우 출중한 인재들을 선호한다고 알려져 있지만, 절대로 혼자만 일 잘하는 사람을 찾는 게 아니다. 한정된 인력으로 개인의 역량과 역할이 중요하지만, 조직이 한배를 타고 목표를 향해 공격적으로 나아가야 하는 만큼 뛰어난 팀워크 역시 중요하기 때문에 이 부분에 대한 본인의 장점을 준비하면 좋다. 또한 스타트업이 주로 사용하는 단어 혹은 지원하는 기업에서 사용하는 단어, 인재상 등을 숙지해서 답변에 응용하면 좋은 인상을 받을 수 있다.

공공기관

공공기관은 널리 알려진 것처럼 블라인드 면접을 실시하고 있다. 실력 외의 요소는 평가하지 않겠다는 것이다. 실력을 정확하게 평가하기 위한 척도로 사용되는 NCS^{National Competency Standards}라는 국가직무능력표준은 꼭 공공기관에 지원하지 않더라도 본인 직무에 필요한 기초 능력과 직무 수행 능력을 확인하고 면접에 활용하기 좋은 지표다. NCS에 따르면 신규 사업 기획 직무에서 필요한 능력은 다음과 같다.

◇ **신규 사업 기획 능력단위** ◇

능력단위요소	수행 준거
신규 사업 아이템 발굴하기	• 신규 사업 추진 여부에 대한 내부 역량 분석 측면에서 강점과 약점, 기회와 위험요인을 파악해, 신규 사업 아이디어의 사업성 평가를 할 수 있다.

	• 외부 환경 분석을 통해 신규 사업 아이디어의 시장 분석과 신규 사업 아이디어의 시장성을 파악할 수 있다. • 사업 가능 아이디어 분석 후 신규 사업 아이템 리스트를 만들 수 있다. • 상품성, 시장성, 수익성, 안정성, 경영 능력 평가를 통해 최적의 신규 사업 아이템을 선정할 수 있다.
신규 사업 아이템 발굴하기	**지식** • 산업 동향 • 사업 아이템 선정 절차 • 신규 사업 비즈니스 모델링 프로세스 • 사회 조사 방법론
	기술 • 마케팅 기법 적용 기술 • 기획서 작성 기술 • 아이디어 장단점 분석 기술
	태도 • 신규 사업 아이디어 도출을 위한 창의적 사고 • 사업성 평가에 대한 객관적 자세 • 종합적 시각을 견지하려는 자세 • 도전 정신
신규 사업 타당성 검토하기	• 선정된 신규 사업 아이템의 시장성 평가를 위해 사업 환경, 고객 분석, 경쟁자 분석, 공급자 분석, 제품 분석과 판매 측면 분석을 통해 사업이 시장에서 성공 가능성이 있는지를 분석할 수 있다. • 신규 사업의 미래 손익 추정을 토대로 한 수익성 분석을 통해 손익 분기점 매출 달성 시기를 예측할 수 있다. • 신규 사업에 적용되는 기술에 대한 가치 분석과 신규 사업을 통해 시장에 제공되는 서비스 가치를 분석할 수 있다.

신규 사업 타당성 검토하기	• 신규 사업의 성공적 추진에 대한 인력의 전문성, 조직, 자금 조달 능력, 리더십, 핵심 역량, 마케팅 능력, 생산 능력, 기술력 등의 사업 수행 능력을 검토할 수 있다. • 신규 사업의 기술성 검토, 시장성 검토, 경제성 검토를 통해 종합적인 신규 사업의 타당성을 분석할 수 있다.
	지식 • 내부·외부 환경 분석 방법 • 사업성 분석과 경영 전략의 주요 이론 • 목표 시장과 차별화 전략의 개념

출처: NCS

이처럼 공공기관은 명확한 평가 기준이 있기 때문에 세부 키워드를 놓치지 말고 하나씩 스토리를 만들면서 면접을 준비하기를 권한다. 평가 기준이 명확하기 때문에 열심히 준비하면 좋은 결과를 기대할 수 있지만, 당연히 모든 지원자가 최선을 다해 준비할 것이다. 공공기관 면접은 이러한 역량 평가와 함께 공공기관의 인재상과의 부합 여부, 지원동기나 열정, 인성 등도 종합적으로 평가한다. 필자도 종종 공공기관 면접관으로 참석하는데, 그때마다 느끼는 점은 제도는 이상적이지만 결국 면접에서 지원자를 평가하는 면접관들은 여전히 사람이라는 점이다. NCS 활용처럼 평가 오류를 최소화하기 위해 계속해서 노력하지만 완벽할 수 없다. 그러므로 역량 부분은 충실히 준비하되 자신의 소프트 스킬을 효과적으로 표현할 수 있는 답변들도 열심히 준비해야 한다.

산업별
면접 준비 방법

같은 산업군에 속해 있다고 하더라도 기업에 따라 면접 방식은 당연히 달라질 수 있다. 그렇지만 산업의 특성이 일하는 방식과 조직문화에 많은 영향을 주기 때문에 다른 기업이라도 같은 산업에 속한다면 공통적으로 준비해야 할 것이 있다. 산업군에 따라 면접 과정이나 물리적 방식들이 크게 달라지지는 않겠지만 방향성은 달라질 수 있으니 지금부터 그 내용을 살펴보자.

플랫폼 기업

최근 채용이 가장 활발한 플랫폼 기업의 면접에서 공통적으로 나오는 질문은 해당 플랫폼의 사용 여부와 개선점에 대한 내용이다. 인터넷에서 많은 정보를 찾을 수 있지만 본인이 직접 서비스를 이용해보면 또 다른 인사이트를 찾을 수 있다. 상품 기획, 고객 서비스, 인사 등 직무에 따라 평가 시 집중적으로 보는 부분은 다르지만, 플랫폼 전반을 소비자로서 경험해보고 본인의 의견을 준비하기를 권한다.

커머스 기업

커머스 기업도 마찬가지로 본인의 직무를 기준으로 장점 및 보완점을 분석하는 동시에 전반적인 제품이나 서비스 구성 등을 연구하면 도움이 된다. 본인이 직접 소비가 가능한 제품과 서비스는 고객의 관점에서 면접을 준비하면 차별화된 답변을 할 수 있다. 개선점은 특별히 생각나지 않으면 굳이 준비하지 않아도 된다. 강점을 더 강하게 만들 수 있는 방법을 제시해도 좋다. 경쟁사의 제품 및 서비스와 비교 분석하는 것도 좋은 방법이다. 물론 경쟁사가 월등하고 당신들은 부족하니 개선해야 한다는 방식으로 접근하면 안 된다. 경쟁사들이 잘하는 부분을 분석한 내용의 답변은, 면접관에게 전반적인 산업에 대한 이해와 열정을 보여줄 수 있으니 전략적으로 준비하도록 하자.

제조업, 중공업 등 생산 현장이 있는 기업

제조업, 중공업 등 생산 현장이 있는 기업 면접을 준비할 때는 본인이 생산 직무에 지원하지 않더라도 제품의 생산 과정을 조사하면 도움이 된다. 영업이나 회계, 인사 등 사무직도 결국 기업의 주요 상품과 생산에 대한 이해가 있어야 업무를 제대로 수행할 수 있기 때문이다. 기술적인 부분까지 상세히 알 필요는 없지만 핵심 기술과 생산 방식 및 환경 등에 대해서 준비한다면 답변이 좀 더 풍성해질 수 있다.

얼마 전 비제조업 인사 직무에서 제조업 인사 직무로 이직에 성공한 지원자를 봤다. 그 지원자는 생산직 인력들에 대한 채용 및 운영 방식, 직무, 평가 기준 등을 자세히 준비해 본인 경력에서 부족한 점들을 보완했고 이직에 성공했다. 영업 직무도 마찬가지다. 제품을 팔기 위해서는 지원한 기업이 어떤 핵심 기술을 보유했고 이를 기반으로 제품들이 어떤 환경에서 생산되는지 알아야 하기 때문에 기술적인 부분은 간단히라도 반드시 확인해야 한다.

금융 기업

금융 기업 면접을 준비할 때는 기업에서 판매하는 금융 상품 숙지는 당연하고, 그 외 전반적인 경제 지식과 시장 현황에 대한 질문도 받을 확률이 매우 높으니 이를 꼭 대비하도록 하자. 또한 금융 서비스를 제공하는 산업 특성상 고객 지향적 성향이나 대면 역량에 대한 질문을 받을 수 있다.

최근 한 사모펀드 심사역으로 지원했지만 최종 탈락했던 지원자가 있었는데, 이 지원자에 대한 기업의 평가는 필자도 예상하지 못한 내용이었다. 출중한 학력과 경력, 업무를 훌륭하게 수행할 수 있는 역량까지 갖춘 지원자임이 분명하지만, 고객 응대 업무 시 흔히 발생할 수 있는 상황에서 질문에 답변하는 모습이 아쉽다는 평가를 받았다.

이처럼 심층 면접을 하다 보면 쉽게 바꿀 수 없는 본인의 타고난 성향이 나오기 마련이다. 비록 성격은 바꿀 수는 없지만 적절한 답변은 준비할 수 있다. 이 지원자가 좀 더 고객 지향적 사고를 기반으로 유연한 답변을 준비했더라면 하는 아쉬운 마음이 들었다. 합격했더라면 본인의 기본 성향 때문에 충돌하는 부분은 있을 수 있겠지만, 업무 경험으로 충분히 보완할 수 있는 부분이다.

공공기관

공공기관 면접에는 공공기관에 대한 정의 혹은 공공기관 종사자로서의 자세에 대한 질문이 자주 등장한다. 민원 대처 능력에 대한 평가를 위한 질문도 종종 등장한다. 이런 질문들은 본인의 평소 직업관과 공공 서비스에 대한 본인의 의견을 기반으로 준비하면 된다. 상대적으로 답변하기 까다로운 질문도 있는데, 타지역으로 발령을 받았거나 다른 부서로 배치되는 경우 받아들일 수 있는지에 대한 질문이다. 합격이 절실한 상황에서 대부분 가능하다고 답변하겠지만, 스스로를 위해 본인의 솔직한 마음을 들여다보기를 권한다.

필자가 한 공공기관의 면접관으로 참석했을 당시, 해당 기관 임원이 지원자들에게 지속적으로 경직된 조직문화를 버틸 수 있는지를 질문했다. 지원자의 역량 평가를 하기에는 애매한 질문이라고 생각했지만, 면접 질문들은 현재 기업의 고민을 대변하기에 임원의 질문 의도는 이해할 수 있었다. 상대적으로 안정된 공공기관들도 순환 근무와 보수적인 조직문화로 어렵게 채용한 인재들의 퇴사율이 높아 고민이 많다. 당장 합격하는 것도 중요하지만 경력을 쌓아가는 여정은 길다. 우선 다녀보는 것도 무조건 틀린 방법이라 할 수 없지만 신중한 판단이 필요하다.

어느 산업군에 지원하든 면접에서 공통적으로 가장 중요한 것은 해당 산업군을 선택한 이유를 잘 답변할 수 있어야 한다는 것이다. 산업의 특성과 가능성, 본인의 관심도 등 그 산업을 선택한 설득력 있는 근거를 명확하게 제시해야 한다. 특히 다른 산업으로 이직하는 경우에는 더욱 중요하므로, 자기 자신을 위해서라도 꼭 답변을 준비해보기를 바란다.

직무별
면접 준비 방법

산업별 면접 질문이 해당 산업과 기업문화에 자신의 적성과 성향이 적합한지 평가하는 척도라면, 직무별 면접 질문은 업무 수행이 가능하고 조직 내부에서 성과를 낼 수 있는지 판단하기 위함이다. 직무 전문성 평가를 위한 질문들이 가장 많은 비중을 차지하겠지만, 관련 시장 및 산업에 대한 통찰력, 직무 특성에 따른 업무 성향, 자기계발 등을 복합적으로 평가하게 된다.

개발 직무

가장 명확하고 직무 관련 질문들이 집중되는 면접은 개발자 채용 면접이다. 개발자가 아니라면 이해하기 힘든 전문적인 내용이 면접 질문의 대부분을 차지한다. 모든 직무 면접이 그렇지만 개발 직무 역시 개발 업무 외 산업이나 기업에 대한 전반적인 현황 분석 및 개인의 소프트 스킬을 강조한다면 좋은 평가를 받을 수 있다.

마케팅 직무

마케팅 직무라면 자신이 수행했던 구체적 업무 외 시장 분석 및 판도 예측에 대한 답변을 준비해보기를 권한다. 지원하는 기업의 마케팅 활동이나 브랜드에 대한 자세한 분석도 중요하지만 경쟁사 현황이나 가격 전략, 시장 성장 가능성 등 폭넓게 연구해 준비해야 한다.

최근 푸드 테크 기업 마케터로 지원했던 지원자가 면접관에게 만약 경쟁력을 강화하기 위해 제품의 가격을 낮춘다면 회사의 손익에 영향을 미치는데 마케팅 관점에서 이를 어떻게 해결할 수 있을지에 대한 질문을 받아서 적잖이 당황했다고 한다. 마케팅은 기본적으로 예산을 쓰는 업무이기 때문에 업무 수행 결과를 인지하고 책임 의식을 가져야 한다. 본인 직무 전문성과 기업 환경의 전반적인 이해도 중요하다.

영업 직무

영업 전문가라면 가장 먼저 떠오르는 키워드는 대면 역량일 것이다. 계약이 어려웠던 고객사에 성공적으로 제품이나 서비스를 팔아본 경험, 고객과의 가격 협상같이 의견 차를 좁히기 위한 설득 경험, 대인 관계 관리 경험, 본인의 성향 등은 당연히 예상할 수 있는 면접 질문들이기 때문에 충실히 준비해 가면 좋다. 시장에 대한 본인의 전망이나 본인이 영업하며 느낀 고객들이 원하는 제품 및 서비스에 대한 내용을 정리한다면 지원자에 대한 기업의 기대는 높아질 것이다. 또한 본인이 달성한 결과 외에도 지원하는 회사 및 경쟁사의 매출, 시장 규모 등 수치화할 수 있는 답변들까지 폭넓게 준비하자. 영업은 곧 숫자로 평가된다.

인사 직무

인사 직무라면 기업의 페인 포인트가 무엇인지 미리 분석해서 답변을 준비하기를 권한다. 만약 인재 채용에 어려움이 있는 기업이라면 채용 브랜딩 전략이나 기업 가치 수립 등의 방안을 제시할 수 있다. 정답이 아니어도 괜찮다. 본인의 인사이트와 전문성을 보여줄 수 있는 답변이면 충분하다. 퇴사율이 높은 회사라면 인재 이탈을 방지하기 위해 도입했던 평가 보상 제도나 교육 등 본인의 경험 속에서 구체적인 예를 제시하면 좋다.

　해당 회사의 사업과 특징에 따라 답변을 준비할 수도 있다. 예를 들어 제조업 인사 담당자로 지원한다면 생산 현장 인력의 채용, 관리, 평가뿐만 아니라 노사 관계까지 폭넓게 다룰 수 있어야 한다. HR 애널리틱스Human Resources analytics(인사 데이터 분석), 탄력 근무제, 구성원 재직 경험Employee experience(직원이 본인이 속한 회사에서 경험하고 느끼는 모든 것)과 같이 최근 인사에서 이슈가 되고 있는 새로운 분야들에 대한 본인의 관심을 보여줄 수 있는 답변을 준비해도 좋다.

전문 지식 기반 직무

법률, 회계, 연구 등 전문 지식 기반 직무는 세부 전공 및 전문성이 기업 직무와 적합한지를 평가하기 위한 질문이 면접에서 가장 많이 등장할 것이다. 하지만 대다수의 기업이 공통적으로 중요하게 생각하는 부분은 업무 수행 방식, 의사소통 능력, 팀워크 및 주도적 성향 등 조직원으로 기대되는 역량이다. 이런 부분도 본인만의 강점을 잘 파악해서 면접 전 철저히 답변을 준비하자.

기업의 형태나 산업, 직무에 따라 면접 방식은 달라질 수 있지만, 기업의 공통 목표는 우리 조직으로 영입했을 때 기대하는 성과를 내어 기업과 함께 성장하는 인재를 찾는 것이다. 기업은 정확하고 효율적으로 인재를 찾기 위해 평가 도구와 면접 방식에 대해 많은 고민을 하고 있다.

이직을 준비하는 사람이라면 수많은 면접 후기나 합격 선배들이 알려주는 예상 문제집 등 정보는 손쉽게 구할 수 있기 때문에, 합격을 위한 정답을 구하기는 쉽다. 하지만 자신만의 논리로 면접 질문에 대한 답변을 도출하는 게 더욱 중요하다. 이런 과정을 통해 본인이 정말 할 수 있는 일인지, 또한 본인이 하고 싶은 일이고 일하고 싶은 기업인지를 고민하면서 지원자도 기업을 평가하고 선택할 수 있어야 한다.

면접에
임하는 자세

식당에 가서 대충 담겨 있는 음식이 나오면 요리 과정이나 식당 운영도 섬세하지 않을 것 같다는 생각이 든다. 지저분하게 담겨 있는 음식은 말할 것도 없다. 아무리 음식 맛이 가장 중요하다고 해도 정갈한 식기, 직원의 친절한 태도와 세심한 배려는 음식을 먹는 행위 자체를 더욱 즐겁게 한다. 면접도 마찬가지다. 내용이 가장 중요한 것은 두말할 것 없지만 외적 요소, 즉 복장이나 내용을 전달하는 방식이 내용을 뒤집는 양념 역할을 할 수 있다. 절대 사소하게 생각해서는 안 되는 부분이다.

복장 준비는
면접의 기본자세

종종 면접을 앞둔 지원자가 필자에게 해당 기업의 복장을 물어보곤 한다. 기업 분위기와 맞지 않는 복장은 혼자만 동떨어지는 느낌이 들기 때문에 물어봤겠지만, 조직문화를 이해하고 최대한 동화하려는 자세가 보인다. 단, 동화에도 정도가 있다. 복장준비는 면접에 참여하는 지원자가 갖춰야 할 기본자세다.

경력직 면접 복장

경력직이든 신입이든 보편적으로 편한 복장보다는 갖춰 입는 쪽이 안전하다. 얼마 전 금융 기업 출신 지원자가 핀테크 스타트업에 지원해 면접 일정이 잡혔다. 해당 기업은 대표 이사까지 운동화나 슬리퍼를 신고 반바지도 꽤 많이 입는 조직이다. 지원자는 정장 차림이 요구되는 금융 기업 출신이라 혼자 정장을 입는 게 신경 쓰였는데, 고민하다 결국 정장을 입었다. 1분의 어색함만 버티면 된다. 그쪽 기업문화에 맞추려고 굳이 반바지를 입고 가지 않아도 된다.

근무를 하다 바로 면접 장소로 이동해야 하는 경우, 복장이 자유로운 조직에서 일하고 있다면 정장 차림을 하는 것은 면접을 보러가는 것을 회사에 알리는 꼴이다. 이럴 때는 보통 출근할 때 면접 복장을 따로 챙겨가지만, 그것도 불가능한 경우에는 채용 담당자 혹은 헤드헌터에게 면접 전에 미리 양해를 구하면 된다. 그것조차 여의치 않다면, 면접 시작 전에 자신의 복장이 이럴 수밖에 없는 이유를 면접관에게 정중히 설명하면 된다.

복장은 본인의 전문성을 표현할 수 있는 도구이기도 하다. 필자의 선입견일 수도 있지만 너무 편안한 복장은 지원자의 진정성에 약간의 의구심이 생기게 한다. 선입견은 경계해야 하지만 생각지도 못한 부분이 평가요소가 될 수 있음을 유의해야 한다.

얼마 전 플랫폼 개발자 지원자와 인터뷰를 했다. 인터뷰 일정이 퇴근 직후라 당연히 편안한 복장일 거라 예상했는데 아니었다. 지원자의 역량이나 성향 또한 훌륭했기에 즐거운 인터뷰가 진행되었다. 인터뷰 끝에 지원자에게 솔직히 인터뷰 일정이 퇴근 직후라서 전형적인 개발자 룩을 예상했다는 농담을 했는데, 지원자의 답변이 매우 인상적이었다. 개발자라고 해서 마냥 편하게 입는 것이 직업인으로서 진지함이 없어 보이고 스스로도 긴장감이 떨어지는 것 같아서 저연차 때부터 어느 정도는 깔끔하게 갖춰 입는 게 습관이 되었다고 말했다. 물론 편하게 입는

205

날도 있지만 인터뷰 일정 때문에 평소보다 더 신경 썼다는 지원자의 말에 상대방을 존중하고 자신의 직업을 정중하게 대하는 태도가 느껴졌다. 역시나 지원자는 지원한 회사에 업무 역량 외에도 성향 및 태도 면에서 좋은 평가를 받고 이직에 성공했다.

신입 및 저연차 면접 복장

반면 신입 혹은 연차가 비교적 낮은 지원자들의 면접에 참석할 때마다 모두 같이 맞춘 듯한 검은 정장에 헤어망을 보게 되는데, 모순이 느껴지고 안쓰러운 마음도 든다. 시대흐름은 다양한 성향을 존중하고 개성 있는 인재를 선호하는 방향으로 가고 있지만, 면접 복장은 갈수록 경직되는 느낌이다.

복장에 너무 집착하지 않아도 된다. 다만 면접관의 성향 혹은 선입견은 그 누구도 모르기 때문에 안전한 선택을 하기를 바란다. 흔히 말하는 비즈니스 캐주얼 혹은 스마트 캐주얼 정도면 충분하다. 정장까지 갖춰 입을 필요는 없지만 당장 업무 회의에 참석했다고 가정했을 때 상대방에 대한 예의와 본인의 개성을 반영한 복장이면 충분하다.

자신을 대변하는
태도와 말투

지원자의 경력과 역량이 훌륭하고 본인의 인성 관련 질문에 대해 아무리 좋은 답변들을 준비했다고 해도, 그것을 표현하는 지원자의 태도와 말투에 따라 평가는 뒤집힐 수 있다. 면접관의 성향에 따라 사실 확증 편향의 오류가 생길 수 있는 부분이기는 하지만, 태도와 말투가 사람의 많은 부분을 대변하는 것은 사실이다.

상대를 존중하고 대화에 집중하는 태도

얼마 전 필자가 몇 개월 동안 여러 기업을 제안하며 주목했던 지원자를 직접 만나게 되었다. 업계 1위 기업에서 10년간 경력을 단단히 쌓아온 인재였다. 그런데 직접 만나보니 사람을 대하는 지원자의 태도에 적잖은 실망감이 들었다. 무례하다고 할 수는 없었지만, 상대방의 말을 자꾸 끊는 버릇이 있었다. 또한 시선도 계속 다른 곳을 향해 있었다. 지원자의 경력을 폄하하게 되는 이유까지는 아니지만 적어도 자기소개서에 써 있는 다른 사람을 배려하는 성향은 사실이 아닐 거라는 생각이 들었다.

면접은 일상생활 속 대화보다 훨씬 긴장된 상태에서 본인의 좋은 모습을 보이려고 노력하기 때문에 저런 태도를 보이는 사람은 많이 없다. 다만 장시간 진행되는 면접 과정 중에 여러 질문에 답변을 하다 보면 미처 태도를 신경 쓰지 못할 수 있다. 그리고 사실 본연의 성질은 쉽게 바꿀 수 있는 것은 아니기 때문에 태도를 억지로 만들 필요는 없다. 다만 몇 가지 기본만 지키면 된다. 면접관의 질문을 중간에 자르면서 답변하는 지원자가 생각보다 많다. 합격에 대한 간절함으로 본인의 머릿속에 있는 멋진 답변이 튀어나왔겠지만, 이것이 반복되면 지원자의 태도와 성향으로 평가된다. 상대방의 질문이든 의견이든 끝까지 경청하는 태도는 꼭 갖추도록 노력하자.

시선 처리도 중요하다. 면접 내내 면접관의 눈을 뚫어져라 응시하라는 이야기가 아니다. 자연스러운 시선 처리가 중요하다. 만약 본인이 답변에 집중할 때 허공을 바라보는 습관이 있다면, 그렇게 해도 괜찮다. 면접관과 시선 맞추는 데 집중하느라 답변에 충실하지 못한 것보다 훨씬 낫다. 다수의 면접관이 참여하는 자리라면 1명씩 골고루 시선을 교류하는 것도 좋은 방법이다.

자신의 의견을 집중해서 이야기할 때 손을 과하게 사용하는 지원자도 많다. 적절히 사용할 때는 대화를 원활히 진행하는 데

나를 위해 이직합니다

도움이 되지만, 과하면 손동작에만 눈길이 가서 분위기만 산만해진다. 상대방의 의견에 동의한다는 표현으로 고개를 끄덕이는 것 역시 과하면 좋지 않다. 평소 상대와 대화할 때 본인의 평소 습관을 영상으로 남겨 관찰하고 냉정히 평가해보기를 권한다.

자연스럽고 센스 있으며 신뢰를 주는 말투

정중한 것은 좋지만 경직된 말투는 자칫 어색할 수 있다. 예상 질문에 답변을 준비해서 암기해온 지원자들의 준비성은 칭찬할 만 하지만, 어색한 말투 때문에 자연스럽게 전달되지 못한다면 효과가 떨어질 수 있다. 맥락을 고려한 핵심 단어 위주로 답변을 구성해 평소 본인 말투로 전달하는 게 면접관 입장에서는 훨씬 듣기 좋다.

반대로 평소에 줄임말을 자주 쓴다고 하더라도 면접에서는 가급적 자제하자. 유행어나 은어는 말할 것도 없다. 반면 지원하는 기업이 자신들의 제품이나 서비스, 혹은 기업문화 등을 소개할 때 쓰는 줄임말이 있다면 이를 적절히 사용하면 좋다. 올리브영의 세일 기간을 의미하는 '올영데이'가 좋은 예다. 분위기에 따라 줄임말이나 농담을 감각 있게 사용한다면 면접의 분위기를 살릴 수도 있지만, 타고난 감각이 없다면 지양해야 한다.

지나치게 가볍고 편한 말투도 지양해야 한다. 면접은 기업과 직업인의 공식적인 소통임을 잊지 말자. 얼마 전 면접을 앞둔 한 지원자와 인터뷰를 하는데 지원자는 '말이에요'라고 문장을 마무리하는 습관이 있었다. "제가 평소 다양한 분야에 호기심과 탐구 정신이 많단 말이에요"라고 말하면 누가 진지하게 들을까? 당장은 평소 습관을 고치기 어렵겠지만, 중요한 면접을 앞두고 있는 만큼 말투에 신경을 쓰는 게 좋겠다고 조언했다. 실제 면접에서는 어떻게 했는지 모르겠지만 다행히 좋은 결과가 있었다.

긍정적이고 자신감 있는 말투도 중요하다. 기업이 본인을 채용했을 때 긍정적인 결과를 기대할 수 있도록 긍정적인 단어 및 문장을 사용하도록 하자. 자신이 할 수 있는 일이나 목표를 긍정적으로 표현하는 것은 상대적으로 쉽다. 만약 채용 담당자가 본인의 경력이나 의도를 잘못 해석하는 경우에도 "그건 아니고요"라는 표현 대신에 "그렇게 생각하실 수 있습니다"로 우회해서 말하면 좋다.

주의해야 할 점은 자신감 있는 말투도 중요하지만, 자신감도 정도가 중요하다는 점이다. 근거 없는 자신감은 거부감을 불러일으킨다. 반면 겸손이 지나쳐 "제가 그렇게 뛰어난 사람은 아니지만요"와 같은 말을 반복하다 보면 면접관이 지원자를 '정말 뛰어난 사람은 아니구나' 하고 생각할 수밖에 없다.

자신감과 솔직함의 적절한 조화와 자신감의 근거도 필요하다. 카드 업계에서 한 획을 그었던 포인트 제도를 시장에 도입했던 A카드사 출신 지원자들을 인터뷰한 경험이 있다. 모두 자신이 그 포인트 제도를 기획했다고 자신 있게 말했지만, 그 많은 사람이 기획했을리가 없기에 지원자의 말에 신뢰가 가지 않았다. 그중 한 지원자가 자신이 모든 기획을 담당하지는 않았다고 솔직히 이야기하며 자신이 맡았던 부분을 자세히 설명했는데 그 모습에서 지원자에게 신뢰가 갔다. 근거를 제시할 수 없으면 자랑도 하지 말자. 근거 있는 자신감과 솔직함이 면접관에게 신뢰를 줄 수 있다.

면접도 대화다. 모든 대화가 그렇듯 마음과 내용이 진솔하고 충실하다고 해도 전달하는 방식과 태도에 따라 결과는 달라질 수 있다. 사실 말하는 재능이 타고난 사람이 있다. 본인의 부족하다고 인지하는 부분이 있다면 보완할 수 있는 방법을 찾을 수 있으니 이미 반은 성공이다. 언어와 태도는 본인의 결과 격을 긍정적으로 표현할 수 있는 중요한 도구인 만큼 소중히 대하기를 바란다.

질문별 모범 답변 vs.
그렇지 않은 답변

Q. 공백기가 긴데 이유가 있나요?

☺ **GOOD** 전 직장에서 제가 진행하던 신규 플랫폼 출시 사업이 예산 문제로 중단되어 다른 보직으로 발령받았습니다. 제가 추구하는 경력 개발과 맞지 않는 보직이었기 때문에 퇴사를 결정하게 되었습니다. 퇴사 후 제가 경력을 쌓고자 하는 플랫폼 시장을 조사하고 기업별 장단점을 분석하며 견문을 넓혔으며, 그동안 부족하다고 느꼈던 SQL과 파이썬 강의를 들었습니다. 다음 조직에서는 저의 경험과 역량을 충분히 발현해 뛰어난 성과를 내고 싶습니다.

☺ **SOSO** 전 직장에서 제가 진행하던 신규 사업이 중단되어 퇴사하게 되었습니다. 이후 저의 경력과 강점을 활용할 수 있는 기업과 직무를 찾다 보니 불가피하게 공백기가 길어졌습니다. 다음 조직에서는 오랜 기간 근무하며 뛰어난 성과를 내고 싶습니다.

☹ **BAD** 전 직장 퇴사 후 적절한 기회를 찾는 데 시간이 오래 걸려서 공백기가 길어졌습니다.

> **TIP** 공백이 예상되지만 퇴사를 선택했던 이유, 구직 활동 기간 동안 자신에게 의미 있었던 활동 등을 함께 설명하면 좋습니다.

Q. 최근 직장에서 1년을 다니지 못한 이유가 무엇인가요?

☺ **GOOD** HRM^Human Resources Management(인적 자원 관리) 전문가로 성장하고자 하는 저의 목표에 맞는 자리라 판단하고 입사했습니다. 조직 규모가 크지 않다 보니 HRM 업무 외 총무, 회계 등 업무의 폭이 넓었고, 깊이감은 떨어진 듯했습니다. 업무 전문성을 더 쌓을 수 있는 보직에 새롭게 도전하기 위해 퇴사를 결정했고, 현재

지원한 포지션에서 보다 성장할 수 있는 기회를 기대합니다.

😊 SOSO HRM 직무로 입사했는데 막상 근무해보니 업무의 폭이 너무 넓어 전문성을 쌓기 어렵다고 판단해 퇴사했습니다.

☹ BAD 담당했던 업무가 저의 경력에 도움이 안 될 것 같아 퇴사했습니다.

TIP💡 자신의 마음에 들지 않으면 무조건 퇴사하겠다는 인상보다, 자신의 목표를 위해 나아갈 수 있는 기업의 환경에 대한 설명과 입사 후 기대하는 바를 함께 제시하면 좋습니다.

Q. 전혀 다른 산업으로 이직을 원하는데 업무가 가능할까요?

😊 GOOD 현재 B2B 기업에서 다양한 신규 사업 검토 및 사업 전략을 담당하며 사업 및 시장 분석 역량과 사업성 타당성 검토 역량을 쌓아왔습니다. 현재 지원한 B2C 리빙 테크 신규 사업을 담당하며 분석 능력 및 재무적 감각을 발휘해 업무를 원만히 수행할 수

있을 것이라 판단합니다. 해당 산업에 관심을 두고 앞으로의 시장성 및 사업 전개 방식에 대해 충분히 분석했기 때문에 좋은 성과를 낼 수 있을 것이라 기대합니다.

☺ SOSO 소비자의 반응을 바로 확인할 수 있는 B2C 산업에서 사업 전략 업무에 늘 관심이 있었습니다. 현재 귀사가 신규 사업으로 진행하려 하는 리빙 테크 분야에 관심이 많고 시장 가능성도 충분하다고 생각합니다. 저의 전략 기획 업무 및 신규 사업 검토 경험이 큰 역할을 할 수 있을 것이라 판단합니다.

☹ BAD 평소 B2C 산업에 관심이 많아 잘할 수 있을 것 같습니다.

> **TIP ●** 본인의 관심도 중요하지만 본인을 검토하는 기업 입장에서 어떠한 역량과 스킬을 활용 할 수 있는지, 다른 산업군이지만 어떤 방식으로 접근하는지, 본인을 채용했을 때 기대할 수 있는 방법과 결과를 제시하면 좋습니다.

Q. 야근이나 주말 근무에 대해 어떻게 생각하나요?

☺ **GOOD** 업무상 꼭 필요하다면 할 수 있습니다. 다만 저는 업무의 효율성을 중시하는 성격이기 때문에 최대한 근무 시간 내 업무를 마무리할 수 있는 방법을 찾도록 하겠습니다. 만약 불필요한 야근과 주말 근무가 반복된다면 내부에서 해결점을 찾도록 노력하겠습니다.

☺ **SOSO** 업무상 꼭 필요하다면 할 수 있습니다. 만약 불필요한 업무라면 조직 내부에서 조절할 수 있는 방법을 찾아보도록 하겠습니다.

☹ **BAD** 무조건 할 수 있습니다.

> **TIP** 퇴사의 큰 이유가 되기도 하는 추가 근무 시간에 대해 합격만을 위해 답하지 말고 해결 방식을 함께 제시하면 좋습니다. 그리고 만약 이유 없이 다 같이 야근하는 회사라면 건강한 조직이 아닐 수도 있습니다.

Q. 모르는 질문이 나왔을 때

☺ **GOOD** 제가 잘 모르는 분야입니다. 향후 잘 알아보도록 하겠습니다.

☺ **SOSO** 제가 틀릴 수도 있지만 제 생각에는 A라는 신기술이 향후 가능성이 있기 때문에 B에 적용하고 C를 도입해서 D가 될 것 같습니다.

☹ **BAD** 잘 모르겠습니다.

> **TIP** 🔍 본인이 넘겨짚은 내용으로 길게 답변하는 것보다 모르는 부분은 모르겠다고 하는 게 좋습니다.

PART 4

이직 단계 마무리

현명하게
연봉 협상하는 법

드디어 모든 평가 과정이 끝났다. 지금까지는 기업이 지원자를 선택하는 데 집중이 되어 있었다면, 이제부터는 지원자가 이직을 결정하는 데 중요한 역할을 담당하는 연봉 협상 단계다.

기업과 지원자가 제시하는 적정 연봉이 다른 경우는 생각보다 많다. 기업이 제시하는 연봉이 지원자의 기대치를 밑돌 때가 대부분이다. 예전에는 지원자가 기업에서 제시하는 연봉을 받아들이거나 거절하는 경우가 대다수였다면, 최근에는 기업이 좋은 인재를 영입하기 위해 여러 번의 설득과 조율 과정을 거치는 경우가 많아졌다. 지원자든 기업이든 서로에게 연봉을 제시할 때는 모두 설득력 있는 논리가 뒷받침되어야 한다.

적정 수준의
연봉이란

연봉 이야기가 오고 가는 순간은 모두가 예민해진다. 지원자만 눈치를 보는 게 아니다. 기업 또한 그동안 좋은 인재를 영입하기 위해 긴 시간과 노력을 들였기 때문에, 좋은 마무리를 위해 최선을 다한다. 연봉 협상은 기업의 내부 기준 및 예산과, 지원자의 현재 처우 사항, 역량, 가능성을 종합적으로 평가하는 것에서 시작된다. 자신의 희망 사항과 현실의 균형이 필요하다.

그렇다면 어느 정도의 금액을 제시해야 합리적일까? 사실 희망 연봉은 사람마다 기준이 다 다르니 어느 수준이 맞고 틀리다고 이야기할 수 없다. 많이 바란다고 비난할 수 없다. 실무급의 이직 시장에서는 평균적으로 직전 연봉 대비 인상률이 10~20% 정도로 많이 알려져 있다. 지원자 입장에서는 충분치 않다고 생각할 수 있지만 다소 어두운 경제 전망으로 당분간은 연봉 협상이 보수적으로 운영될 가능성이 크다. 그러므로 자신이 요구하는 연봉에 대한 타당성, 즉 기업이 왜 이 금액을 지불하고 '나'라는 자원을 활용해야 하는지에 대한 이유를 분명히 제시해야 한다. 이 주장을 뒷받침할 수 있는 근거들, 즉 연봉 계약서, 원천징수영수증 등 기업에 제공할 자료들과 자신이 기업에 기여할 수 있는 바를 미리 정리해보고, 본인 스스로 설득되는지 따져보자.

반대로 기업도 연봉을 제안할 때 정확한 근거와 논리가 성립되어야 한다. 예산이 넉넉하고 기업 내규상 연봉이 지원자를 충분히 만족시킬 만한 수준이라면 별 문제가 없겠지만, 아닌 경우가 많다. 얼마 전에 2개월에 걸친 면접 과정을 거쳐 최종 합격한 지원자와 기업 사이에서 진땀을 흘렸다. 기업 입장에서는 꼭 채용해야 하는 사람이었지만 예산이 많지 않았고, 지원자는 30% 정도의 연봉 인상을 요구했다. 중간자 입장에서 양쪽 다 정확한 근거를 제시하지 않고 '무조건 지원자를 설득해 달라는 말'과 '이 수준의 연봉을 못 받으면 안 된다는 말'을 듣다 보니, 필자도 논리적인 협상을 유도하기가 어려웠다. 기업 입장에서 봤을 때 지원자의 경력이나 역량이 내부에서 대체 불가능하다면 무리를 해야 하는 경우가 있다. 그럼에도 기업의 규정이나 형평성 등의 이유로 지원자에게 무조건 기업이 제시하는 금액을 수용하라는 것은 지원자의 기분만 상하게 하고 기업 이미지에도 타격이 갈 수 있다. 만약에 이 기업처럼 특별한 대안 없이 무조건 지원자에게 양보를 요구하는 기업과 연봉 협상을 할 때, 기업이 제시하는 연봉이 도저히 수용할 수 없는 수준이라면 안 가면 된다. 무리해서 협상을 진행할 필요는 없다. 연봉 협상할 때 기업이 제시하는 연봉을 자신의 연차와 직무를 기준으로 비교해보고 가능하다면 해당 기업의 산업 평균도 조사해보자. 조사한 객관적 수치를 기반으로 자신의 의견에 논리를 겸비해야 한다. 자신이 요구하는 인상률이 합리적인지에 대한 판단의 척도로 위 수치들이 사용될 수 있다. 앞서 지원자가 30% 인상을 원하는 게 잘못된 것은 아니지만, 보편적인 기준으로 봤을 때 일반적인 범주에서 벗어난다면, 기업을 설득하기 위한 노고는 필요하다.

지원자들과 마지막 연봉 협상을 할 때 지금 회사로 이직할 때 연봉을 낮췄기 때문에 이번에 이직할 때는 손해를 보고 싶지 않다고 말하는 경우가 꽤 많다. 그 당시에는 새로운 가능성에 대한 기회 비용이라고 생각했을 수도 있고 이직에 대한 간절함에 연봉을 낮춰서라도 이직이라는 선택을 했을 것이다. 막상 선택했는데 자신이 포기한 기회 비용만큼의 가치가 보이지 않으면 아쉽다는 생각이 들 수밖에 없다. 같은 실수를 하고 싶지 않은 마음은 십분 이해하지만, 현재 이직하려는 기업이 그 손해를 배상해줘야 할 의무는 없다. 가끔 이직에 대한 리스크를 기업이 배상해줘야 한다고 생각하는 지원자가 있는데, 냉정하게 이야기하면 당신의 선택에 대한 리스크를 기업에서 지불할 의무가 없다. 이러한 주장은 기업이 받아들이지도 않지만 본인의 가치에 스스로 상처를 내는 행동이다. 예전의 실수를 반복하지 않기 위해서라도 연봉 협상 시 감정적 호소 대신 충분한 논리와 객관적인 접근이 필요하다.

올해 좋은 성과를 냈다고 해서 내년에도 성과를 잘 낸다라는 법은 없으니, 무조건 높은 성과급을 포함한 연봉 수준을 요구하는 것도 바람직하지 않다. 혹은 내년에 오를 연봉 인상분까지 더해서 요구하는 것도 현명한 접근이 아니다.

연봉 협상 시
제공해야 하는 자료들

최근 필자와 연봉 협상을 진행했던 지원자가 있었다. 현재 재직 중인 회사의 연봉 구조는 개인의 성과에 따라 성과급을 꽤 높게 받을 수 있는 구조였다. 상대적으로 기본급은 현재 이직하려는 기업보다는 약간 낮은 편이었다. 그러다 보니 좋은 성과로 높은 성과급을 받던 지원자의 현재 연봉과 이직하고자 하는 기업의 연봉 차이가 꽤 컸다. 본인의 역량과 성과에 자신 있었던 지원자는 높은 연봉을 요구하며 이직한 회사에서 좋은 성과를 내겠다고 했지만 구조상 불가능했다. 결국 기본급에 대한 협상을 했으나, 총 금액의 큰 차이로 협상은 결렬되었다.

최근 기업들의 처우 세부 항목을 보면 다양한 비고정 항목이 많다. 기업들이 핵심인재 영입 및 조직 유지를 위해 다양한 성과급 제도와 복지를 제공하는 경우가 많아졌기 때문이다. 기업의 전반적인 사업 성과 외 개인의 성과 평가에 대한 성과급 비중 역시 높아지는 추세다. 그 외 여행 비용이나 자기계발비와 같은 다양한 현금성 복지나 스톡옵션 등 처우 항목도 점점 다양해지고 있다.

항목별 구체적인 금액을 증빙할 수 있는 방법은 다양하다. 현재 받고 있는 연봉 계약서, 원천징수영수증, 혹은 급여 통장 입금 내역으로도 증빙할 수 있다. 성과급은 원천징수영수증에 포함되어 회사가 금액은 확인할 수 있지만 어떤 기준으로 평가를 받아 해당 성과급을 받았는지를 알 수 없으니 이를 보다 자세히 정리하기를 권한다. 현금성 복지 내용도 표로 빠진 것 없이 잘 정리해서 제공해야 한다. 증빙할 수 있는 자료들만이 연봉 협상 시 의미가 있다는 것을 기억하자.

안타까운 점은 이렇게 모든 항목과 구체적인 금액을 증빙해도 이직하려는 기업이 받아들이지 않는다면 선택을 해야 한다. 본인이 특출한 인재라고 해도 조직의 기존 규칙을 흔드는 데는 한계가 있다. 결국은 기대 연봉의 차이와 이직을 포기했을 때의 기회 비용을 따져 본인 스스로 선택해야 한다. 자기 자신과 솔직하고 논리적인 대화를 해보자.

현명하게
협상하는 방식과 마무리

연봉 협상 전 기억해야 할 게 있다. 기업이 무조건 연봉을 덜 주려고 하는 것은 절대 아니다. 좋은 인재를 영입하면 기업에 연봉 몇 배 이상의 큰 가치를 가져올 수 있다는 것을 기업도 잘 알고 있다. 그래서 서로가 서로를 원하는 만큼 합의점을 찾기 위해 노력한다. 그럼에도 지원자의 희망 사항을 다 들어줄 수 없는 가장 큰 이유는 대부분 '형평성' 때문이다. 즉 조직의 내부 규정, 비슷한 연차의 기존 직원들과 비교해 합리적 균형이 필요하기 때문이다. 그렇기 때문에 이직하려는 기업의 평균 연봉이나 유사 기업에서 자신과 연차가 비슷한 직원들의 평균 연봉을 알아둬야 한다. 그 기준에 무조건 맞추라는 이야기는 절대 아니지만, 어느 정도 상황을 파악하고 협상에 임하는 게 무조건 달려드는 것보다 좋은 결과를 도출할 수 있다.

기업의 기대치를 확인했다면 이제는 명확함이 필요하다. 자신이 원하는 처우와 그를 뒷받침하는 자료를 제공하며 기업이 자신에게 제공할 수 있는 항목에 대한 내용도 요청하자. 식비나 자기계발비 같은 현금성 복지까지 자료를 요청하면 기업이 자신을 너무 까탈스럽게 생각하지 않을지, 돈만 밝히는 사람으로 생각하지는 않을지 걱정하는 지원자가 의외로 많은데, 이는 지원자로서 당연한 권리를 행사하는 것이니 괜찮다. 다만 정중하게 요청하자. 그래야 좋은 분위기에서 협상할 수 있다.

그리고 패를 열어봤을 때 서로 뜻이 맞지 않는다면 이제는 유연함이 필요하다. 본인이 절대적으로 필요한 부분과 양보할 수 있는 부분을 구분해야 한다. 어떤 것을 우선순위로 둘지는 개인차가 있다. 기본급이 중요한 사람이 있고, 자녀가 있다면 학자금, 이동 업무가 많다면 차량 지원 등 각자 포기 못하는 것이 있다. 기회가 거부할 수 없을 만큼 매력적이라고 한다면 일부 포기해야 하는 부분도 있을 수 있다. 그러므로 본인에게 필요한 것이 무엇인지를 잘 알고 있어야 한다.

조율 과정에서 여러 번 의견이 오간다. 초반에는 서로 합을 맞추는 것이 공통의 목표이기 때문에 적절한 거리와 정중한 태도로 임할 수 있다. 그러다 이런 과정들에 서로 피곤함을 느끼고 빨리 결론에 도달해야 한다고 생각하지만, 그러지 못하는 경우가 많다. 좋은 말도 여러 번 들으면 짜증나기 마련인데 의견 조율이 되지 않아 협상 과정이 길어지면 부정적인 분위기가 조성될 수밖에 없다. 이럴 경우 자신의 가치를 저평가했다는 생각에 감정적으로 행동하지 말자. 내부 기준 때문에 기업에서 제시할 수 있는 최대의 금액을 제안했을 가능성이 크다. 절대로 수용할 수 없는 금액이라면 빨리 멈추는 게 좋다. 당장이라도 현재 상황을 탈피하고 싶은 욕구가 크다 해도 성에 차지 않는 연봉은 나중에 분명히 또 다른 이직의 이유가 될 것이다.

돈 앞에서 의연한 사람은 드물다. 사람마다 이직하려는 이유들의 각각의 가중치는 다르겠지만, 연봉을 포기하고 새로운 기회를 선택하라고 한다면 망설이는 것은 당연하다. 새로운 조직에서의 기회와 가능성만 보고 결정하기에는 미래의 일은 아무도 모른다. 반대로 기업도 막상 당신을 채용했을 때 얻을 수 있는 가치를 장담할 수 없다. 기존 직원들과 비교해 괄목할 만한 성과를 가져올 것이라는 기대는 있겠지만 확신할 수 없다. 기업도 지원자와 비슷한 고민을 하고 있다는 것을 이해하면 보다 합리적인 연봉을 도출할 수 있을 것이다.

평판 조회

이직 시장이 활성화되면서 평판 조회도 확대되고 있다. 면접과 인적성 검사 등 여러 평가 단계를 거치지만, 실무 수행 시 발현되는 지원자의 강점과 성향, 대인 관계 등에 대한 정보의 필요성이 점점 높아지고 있기 때문이다. 지원 서류나 면접은 지원자가 주도적으로 준비해 대응할 수 있지만, 사실 평판 조회는 지원자의 손을 떠난 영역이다. 지원자에 대한 의견을 다른 사람에게 물어보는 게 지원자의 입장에서는 불안할 수도 있다. 하지만 평판 조회를 실시하는 이유와 방식을 깊이 이해하면 지원자가 조정할 수 있는 부분이 분명히 있고 오히려 기회로 삼을 수 있다.

평판 조회가
필요한 이유

새로운 인재를 채용한다는 것은 기업 입장에서 매우 중요한 일이고, 비용도 생각보다 많이 든다. 좋은 인재를 정확한 방식으로 평가해 영입하는 것은 기업 경쟁력과 직결되기 때문에 많은 시간과 비용을 들여서 평가 과정을 세분화해 고도화하는 것이다. 여기에 과거 경험을 기반으로 한 다른 사람들의 평가를 통해서 지원자가 실무에 직접 투입되었을 때 업무 수행 방식이나 성향, 문제 해결 역량 등을 교차 점검하기 위한 목적으로 평판 조회를 실시하는 것이다.

업무 성과 및 기여도뿐만 아니라 업무 수행 방식, 조직원들과의 협력 및 관계 유지 방법, 스트레스 내성, 인성 및 도덕적 관념 등 기업이 평판 조회로 지원자에 대해 확인하는 부분은 생각보다 많다. 예전에는 평판 조회가 서류나 경력의 진위에 집중하는 방식이었다고 한다면, 요즘은 보다 구체적인 경험들에 대한 질문들로 지원자를 종합적으로 평가하는 방식으로 변화하고 있다.

2022년 잡코리아가 639개 기업의 채용 담당자를 대상으로 채용 시 평판 조회 결과가 채용 합격 당락에 미치는 영향에 대해 설문 조사를 진행한 결과에 따르면, 평판 조회에서 기업이 중요하게 확인하는 부분은 '실무에서의 전문 역량(58.1%)' '지원자에 대한 신뢰성(42.2%)' '경력과 성과에 대한 진위(40.8%)' '대인 관계 능력과 의사소통 능력(36.6%)' '지원자의 인성(35.5%)'이었다. 사실 검증보다는 실제로 있었던 상황에서 지원자가 어떤 방식으로 어떤 역량을 발휘해서 결과를 도출했는지를 확인하려는 의도로 추세가 바뀌고 있음을 알 수 있다.

몇 년 전 어느 기업의 마케팅 전문가를 채용하는 과정에서 누구라도 탐낼 만한 경력을 보유한 지원자를 만났다. 차별화된 마케팅으로 업계에서 독보적 위치를 차지한 금융 기업에서 다양한 업무를 주도적으로 수행했고 뛰어난 성과를 거뒀으며, 면접에서도 명확하고 효과적인 답변으로 본인의 가치를 극명하게 입증했다. 채용하려던 기업도 큰 기대를 안고 마지막 검증을 위해 평판 조회를 실시했다. 평판 조회 결과, 평가자들의 부정적 의견은 전혀 없었다.

하지만 자신이 주도해서 진행했다고 말한 여러 프로젝트가 사실은 수많은 인력이 투입된 프로젝트였고, 지원자는 그중 1명이었다는 사실이 평판 조회에서 확인되었다. 채용하려던 기업은 피평가자를 마케팅 전략 및 수행을 주도하고 조직 관리까지 맡길 수 있는 인재라고 평가했는데, 평판 조회 후 적잖이 당황했다. 프로젝트 진행 시 본인의 역할은 훌륭히 수행했지만, 리더십에 대한 부분은 과장된 내용이었다. 물론 지원자의 실무 능력, 조직 내부에서의 갈등 해결 및 동기 부여 등 긍정적인 구체적 사례도 있었지만, 리더십같이 과장된 내용들 때문에 전반적인 지원자에 대한 기업의 신뢰는 떨어질 수밖에 없었다. 기업은 조직을 장악할 수 있는 리더십을 해당 포지션에서 가장 중요하게 생각하고 있었기 때문에 아쉽지만 지원자를 탈락시켰다.

이처럼 기업은 평판 조회로 지원자의 경력에 대한 진위 확인뿐만 아니라 조직 내 문제 발생 시 대처했던 방식, 소통 방식, 근무 태도, 성향 등도 확인해서 부정적인 내용이 없더라도 기업의 조직문화나 필요성에 부합하지 않는 경우 채용으로 연결되지 않는 경우는 꽤 많다.

단점만 캐내는
뒷조사가 목적이 아니다

많은 사람이 평판 조회를 면접 등 여러 단계의 채용 과정에서 걸러지지 않은 지원자의 단점이나 허위 정보 등을 검증하는 절차로 오해한다. 그래서 피평가자가 평가자를 직접 지명하는 경우 이런 것들이 노출되지 않을 거라 생각한다. 물론 평판 조회가 이 부분도 확인하는 목적이 있는 것도 맞다. 하지만 더 중요하게 보는 부분은 '조직과의 합'이다. 업무적 성향이나 성과를 도출하는 방식, 조직원들과 일하는 방식이나 리더십, 타고난 성향이 우리 조직과 잘 맞는지가 중요하기 때문이다. 단순히 좋다, 나쁘다로 접근하는 것은 잘못된 평판 조회 방식이다.

최근 독보적인 경력과 전문성을 보유한 지원자가 어느 기업의 관리자로 이직을 시도했다. 관련 경험이나 학력 등 여러 가지 배경도 인상적이었을 뿐만 아니라 면접 결과도 매우 긍정적이었다. 평판 조회도 지원자가 직접 평가자들을 선정해 실시했기 때문에 어떠한 난관 없이 잘 진행될 것이라 예상했다. 그런데 평판 조회 결과, 예상치 못한 우려 사항이 확인되었다. 업무 추진 시 과감한 결단력과 추진력으로 조직을 이끌어가는 지원자의 리더십이 안정적인 조직 운영을 중요시하는 기업문화에 다소 공격적일 수 있다는 해석이 있었다. 지원자의 명확한 의사소통 능력과 자신의 주장을 강하게 관철시키는 의사전달력이 현재 채용하려는 기업문화에는 다소 호전적일 수 있다는 우려였다. 평가자들은 지원자의 장점을 말했지만 기업문화와 지원자가 상충한다는 판단에 기업은 채용을 망설이게 되었다.

연구 조직에서 기술 영업을 직접 수행하고자 이직을 시도한다는 어느 엔지니어의 평판 조회 시, 기업이 평가자에게 피평가자가 이직을 하려는 이유에 대해 알고 있는지를 질문했다. 그에 대해 피평가자는 지원자 성향상 경직된 조직문화와 맞지 않고 연구 외 여러 분야에 호기심이 많기 때문이라고 답변했다. 조직문화를 힘들어 한다는 것은 조직 생활을 힘들어하는 성향으로도 해석될 수 있다. 자신의 전문 분야 외 다양한 분야에 호기심이 많다는 것은 전문 인재를 영입하려는 기업이 리스크로 판단할 수 있다. 하지만 기업은 유연한 환경에서 주도적으로 일할 수 있는 사람을 선호하고 다양한 호기심을 큰 장점으로 평가해 지원자를 적극 영입했다.

물론 평판 조회 시 예상치 못했던 단점들이 확인되기도 한다. 허위 경력이나 정보가 평판 조회에서 확인되는 경우도 있고 발견되지 않았던 성격적 결함들이 발견되기도 한다. 이런 경우에는 채용하려는 기업이 아무리 인력이 급해도 채용을 포기할 수밖에 없다.

평판을 잘 관리하는 방법이 있을까?

평판 조회 결과로 채용 합격의 당락이 갈리는 경우는 생각보다 많다. 2022년 잡코리아가 시행한 조사 결과, 639개 기업의 61.3%는 '채용이 거의 결정된 상태에서 평판 조회 결과가 좋지 않아 탈락시킨 지원자가 있다'고 답했고, 59.7%는 '채용 결정을 못한 상태에서 평판 조회 결과가 좋아 합격시킨 지원자가 있다'고 답했다.

업무 전문성은 사실 서류나 면접을 통해 많은 부분을 평가할 수 있다. 성향도 어느 정도 이 단계에서 관찰된다. 기업이 평판 조회 결과로 탈락을 결정하는 가장 큰 이유는 '상사, 동료와의 불화(73.2%)'로 압도적인 1위였다. 반대로 합격을 결정한 이유 1위 역시 '친화력과 대인 관계(67.1%)'였다. 사실 꼭 평판 관리를 위해서 사람들과 잘 지내야 하는 것은 아니지만, 1인 기업이 아닌 이상 조직원들과 원만한 관계를 유지하는 것은 앞으로 성숙한 직업인으로 성장하기 위해 꼭 필요하다.

또한 책임감 있는 태도도 매우 중요하다. 대한상공회의소가 2023년 국내 매출액 기준 상위 100대 기업이 홈페이지 등에 공개한 인재상을 분석한 결과, 기업들이 요구하는 3대 인재상은 '책임 의식' '도전 정신' '소통·협력'으로 조사되었다. 평소 업무를 수행하며 본인의 책임을 다하는 것은 물론이고 조직 이동이나 퇴사 등 본인의 업무를 마무리하는 방식 또한 여기에 포함된다.

이직이 처음이 아니라면 평판 조회 시 예전 동료에게 지원자가 당시 퇴사했던 이유는 무엇이고 마무리는 어땠는지를 질문하는 경우가 많다. 면접 과정에서 긍정적으로 평가되었던 어떤 지원자는 이전 직장 퇴사 시 본인이 통보한 4주가 지나자, 인수인계가 마무리되지 않은 상황에서도 조율 없이 퇴사를 감행해 조직에 적지 않은 혼란을 가져왔다는 내용이 평판 조회에서 확인되어 결국 탈락했다. 본인의 일정에 맞춰 당연한 권리를 행사했다고 생각할 수 있으나, 채용하는 기업 입장에서는 큰 결점으로 보일 수밖에 없다. 작은 사건 하나가 엄청난 결과를 야기할

237

수 있음을 명심하자.

　다만 타고난 성향이 조직이 추구하는 방향과 맞지 않는다면 어쩔 수 없다. 이직해도 서로 행복하지 않을 것이기 때문에 만약 본인 성격에 대한 평가로 탈락해도 너무 속상해하지 않았으면 한다.

　반대로 누군가의 평판 조회 평가자로서 평가를 요청을 받았을 시 성실하게 임하면 본인도 언젠가는 도움을 받을 수 있을 것이다. 무조건 좋은 말만 하라는 게 아니다. 기업이 지원자를 보다 정확하게 파악해서 서로 좋은 합을 이룰 수 있는지를 판단하는 데 도움을 주는 역할을 해야 한다.

　예전에는 평판 조회를 팀장급이나 임원급 위주로 진행했다면, 지금은 실무급, 신입 사원까지 확대되고 있는 추세이기 때문에 평판 관리는 경력 개발 초기부터 필요하다. 평판을 관리한다는 것은 억지스러운 표현일 수 있지만 경력 개발 초반부터 본인의 개인 성과나 발전에만 집중하지 말고 조직과 함께 성장하는 태도를 학습하는 것이라 생각하면 좋다. 평판 관리는 경력이 쌓일수록 본인의 경력에 가장 큰 자산이 될 것이다.

평판 조회도
전략이 필요하다

본인이 피평가자가 되어 평판 조회가 진행되는 경우 평가자 선정을 고민해야 한다. 강화된 「개인정보 보호법」 때문에 기업은 피평가자에게 평판 조회 실시 동의를 얻고 피평가자가 평가자를 직접 선정해 진행하는 방식이 보편적이다. 기업이 무작위로 평가자를 선정해 평판 조회를 하는 경우 평가 자체의 정확도와 신뢰도가 현저히 하락할 수밖에 없기 때문에, 대부분의 기업에서 피평가자가 평가자들을 선정하는 방식으로 진행한다.

그러므로 본인이 피평가자가 되었다면 본인을 정확하게 평가할 수 있는 평가자를 선정해야 한다. 본인에 대해 좋은 이야기를 해줄 수 있는 사람들이 먼저 떠오르는 것은 너무 당연하다. 본인을 평가할 때 너무 분석적으로 접근하거나 단점을 신랄하게 말할 가능성이 있는 사람은 평가자 목록에서 제하는 게 안전하다 생각할 수 있다. 적당히 두루뭉술하게 좋은 사람이라고 말할 수 있는 사람들이 본인의 평판 조회를 한다면 당연히 부정적인 내용은 드러나지 않을 것이기 때문이다.

반면 정확한 내용도 조회되기 힘들 수 있다. 본인에 대한 평가를 너무 두려워하기 보다 본인에 대해 객관적으로 평가해줄 수 있는 사람들로 선정해보자. 기업이 본인의 업무 전문성에 대한 평가를 신뢰할 수 있도록 업무를 함께 진행했던 동료, 조직원으로서 본인의 강점과 보완점을 따뜻하고 냉정하게 평가할 수 있는 전 상사, 협업을 하며 어려운 점은 있었지만 함께 문제를 해결하며 유의미한 결과를 도출해냈던 업계 관계자 등 안전한 선택 대신 의미 있는 시간을 함께한 인물들로 평가자를 구성하는 것을 권한다. 조회된 답변에 대한 신뢰성을 높일 뿐만 아니라 이직하려고 하는 기업과 정말 좋은 인연인지를 검토하는 마지막 단계로 생각하자.

평판 조회는 점점 확대될 것이고 조회 방식 및 결과물은 점점 더 심화될 것이다. 평판조회 확대는 시대의 흐름인 만큼 익숙해져야 한다. 부정적인 내용이 드러날까 봐 불안한 감정이 들 수도 있겠지만, 과하게 민감해질 필요가 전혀 없다. 기업이 본인을 선택하기 위한 다각도 평가 방식의 일부일 뿐이다. 오히려 자신과 밀접하게 일을 했던 사람들이 자신을 관찰하면서 느꼈던 부분에 대한 평가가, 본인이 면접에서 충분히 보여주지 못했던 강점을 부각할 수 있는 강력한 무기가 될 수도 있으니 두려워하지 말고 전략적으로 접근하자.

아름답게
이별하는 방법

어려운 평가 단계와 협상을 거쳐 드디어 고대하던 이직이 확정되었다. 어쩌면 이제부터가 더 어려운 단계일 수 있다. 이직이 결정되면 뒤도 돌아보지 않고 떠날 것 같았지만 막상 그 순간이 다가오니 입이 떨어지지 않는다. 이직하려는 회사는 최대한 입사 날짜를 당겨달라고 요청하는데 인수인계 등 정리할 일이 많아 난감하다. 무엇보다 퇴사와 이직 사이에 편안한 휴식 시간도 충분히 즐기고 싶은데 생각보다 쉽지 않을 수 있다. 어떻게 하면 모든 사람이 의미 있게 이 시간을 잘 보낼 수 있을까?

이별은 언제, 어떻게
통보해도 아픈 법이다

이직 확정 후 퇴사 통보를 앞두고 언제 어떤 방식으로 해야 할지 고민이 되겠지만 전혀 그럴 필요 없다. 언제 이야기해도 결과는 달라지지 않는다. 기왕이면 이직이 결정된 순간 바로 본인의 상급자에게 통보하기를 권한다. 그래야 회사도 업무 공백을 방지하고 원만한 인수인계를 위한 계획을 세울 수 있고, 나의 퇴사 일정도 계획대로 진행할 수 있다.

통상적으로 퇴사일 30일 이전에 통보하는 것이 보편적인데 기업의 근로 기준 규칙에 따라 달라질 수 있다. 어떤 기업은 60일 전 통보가 원칙이다. 보통 이직하려고 하는 회사도 대부분 빠른 입사를 원하기 때문에 양쪽이 요구하는 일정을 다 맞추다 보면 주말만 쉬고 바로 새로운 곳으로 출근해야 하는 불편한 상황이 생길 수 있다. 소위 '30일 규칙'이 생긴 이유는 기업이 직원을 해고할 때 30일 전에 통보해야 하는 「근로기준법」이 반대로 적용되어 규칙처럼 굳어진 경우라고 볼 수 있다. 즉 퇴사자에게 30일을 꼭 채우고 퇴사해야 한다는 법적 책임은 없다. 하지만 원만한 퇴사와 도의적인 책임을 생각해 가급적 조직이 요청하는 퇴사 일정은 지키도록 노력하는 것이 좋다.

만약 이직하려는 기업이 충분히 여유를 주지 않는다면 양쪽을 모두 설득해 신속하고 효율적으로 업무를 정리해야 한다. 몇 년 전 한 지원자가 이직을 결정했지만 양쪽이 요구하는 일정을 조율하지 못해 과한 스트레스를 받아, 결국 이직을 포기하는 안타까운 일이 있었다. 모든 이직 과정이 그렇지만 입사, 퇴사 일정도 양쪽에 명확하게 상황을 전달하고 조율해야 한다.

퇴사 통보 후 30일이 지났는데 인수인계가 다 이뤄지지 않았다면 사실 떠나는 것이 맞다. 하지만 남아 있는 조직원들에게 큰 혼란과 불편함을 줄 수 있고 결국 본인의 평판과도 직결되기 때문에 현명한 일정 관리로 되도록이면 이런 상황을 피하는 게 좋다.

최근 많은 기업이 핵심인재들의 이탈을 예방하고 새로운 인재를 영입할 수 있도록 기업 인사문화 경쟁력을 강화하기 위해서 퇴사자 인터뷰를 진행한다. 이직을 결심하게 된 이유들이 대체로 부정적이지만, 그렇다고 퇴사자 인터뷰에서 감정적으로 대처하지 말자. 회사에 서운했던 점, 매일을 지치게 하는 과중한 업무량, 발전 가능성 없는 업무들과 상사와의 불편한 관계 등 모두 쏟아내고 싶은 마음이 크겠지만, 굳이 헤어지는 이 단계에서 부정적인 에너지를 쓰는 것은 회사에도, 특히 본인에게도 아무런 위안이 되지 못한다. 퇴사 사유는 면접과 마찬가지로 새로운 도전에 대한 기대와 발전 가능성 등 본인의 발전을 위한 결정에 집중하는 것이 좋다.

퇴사 의견을 밝힌 직원에게 내부에서 더 좋은 새로운 업무, 연봉 인상이나 승진 등을 제안하는 경우가 있다. 이런 카운터 오퍼Count offer(퇴사를 희망하는 직원에게 퇴사를 막기 위해 제시하는 더 좋은 조건을 제시하는 보상안)는 생각보다 흔하고 카운트 오퍼를 받고 이직 결정을 철회하는 경우도 종종 있다. 거부하기 힘든 좋은 조건이라면 당연히 고민이 될 것이다. 그럴 때는 이직을 결심하게 된 궁극적인 이유들을 다시 생각해보고 새로운 제안이 그것들을 상쇄할 수 있는지 고민해보자. 대부분 근본적인 해결책이 아닌 임시 방편인 경우가 많을 것이다.

회사에 퇴사 의사를 밝혔는데 무작정 반려하거나 회유한다면 감정적으로 대처하지 말고 차분하게 대처하자. 잠시 괴로울 수는 있지만 최종 목표는 원만한 마무리와 새로운 시작인 만큼, 끝까지 현명하게 대처하자.

언제 무엇이 되어
다시 만난다

앞서 말했듯이 이직이 확정되면 현재 속한 곳과 새롭게 가는 곳과의 입사, 퇴사 일정을 조율하는 게 쉽지 않다. 이 때 기억해야 할 것은 본인의 권리와 책임의 균형을 잃지 말아야 한다는 것이다. 어쩌면 앞으로 몸담을 조직이 더 중요해보일 수 있지만 좋은 마무리는 본인의 경력과 평판에 중요하다는 것을 잊지 말자.

주요 글로벌 SI^{System Integration} 기업(기업이 경영 목표 달성을 위해 정보 시스템을 구축해 운영해주는 기업)을 거치며 좋은 실적과 역량을 보유한 20년 차 영업 직무 임원이 새로운 회사로 이직을 시도한 적이 있다. 의외의 복병은 15년 전 본인의 첫 상사이자 이직을 시도하던 회사의 부사장이었던 인물이었다. 둘의 관계도 좋았고 업무 성과도 인정받았기에 든든한 아군이 될 것으로 예상했다. 부사장이 직접적인 상사는 아니었기에 면접 과정에는 참여하지 않았지만, 내부 평판 조회에서 지원자가 15년 전 퇴사하는 과정이 깔끔하지 않았다는 게 드러났다. 당시 5년 차였던 지원자가 퇴사할 때 업무 인수인계가 원만히 이뤄지지 않아, 남아 있던 조직원들에게 부담을 줬다는 내용이었다. 그 이후로 15

년이 흘렀고 지원자도 성숙해지고 성장했을 것이다. 하지만 책임감이 부족하다는 인상을 지울 수 없었고, 결국 채용 합격까지 이어지지 못했다.

물론 직원 1명의 공백이 생긴다고 사업이 유지가 되지 않거나 조직 운영에 공백이 생긴다면 문제가 있는 조직일 수 있다. 이직자가 며칠 먼저 가지 않아도, 혹은 며칠 일찍 떠나더라도 기업이 받는 타격은 생각보다 작을 수 있다. 하지만 떠나는 모습의 잔상은 생각보다 오래 남을 수 있다. 이를 긍정적으로 활용하기를 바란다. 인수인계 과정이 원활하지 않아 본인의 일정이 꼬일 수 있지만 이를 최대한 예방하는 수밖에 없다. 잔여 연차 소진 등도 여의치 않다면 약간은 양보하는 태도도 필요하다. 철저히 계획한 일정인데도 업무 마무리가 되지 않는다면 이건 조직의 문제일 수도 있다. 상황을 관망하며 현명하게 대처하도록 하자.

퇴사 통보 후 순수한 호기심에 어느 회사로 가냐는 질문을 가장 많이 받을 것이다. 얼마나 좋은 처우를 제안받았는지 궁금해하는 사람들도 있을 것이다. 답변을 하는 것은 본인 자유지만 생각보다 한국 사회는 좁기 때문에 자제하기를 바란다. 실제로 이직 결정 후 양쪽 기업에 소문이 나 이직을 포기하는 경우도 꽤 있다. 업무를 마무리하는 과정에서 조직 내부에서 충분한 지원을 받지 못할 수도 있고 시기를 받을 수 있다. 감정이 상할 수 있지만 본인이라도 성숙한 태도를 보였으면 한다. 그동안 쌓인 조직에 대한 불평불만은 뒤로 하고 서로 축복할 수 있는 관계를 만드는 것은 떠나는 사람이 주도하는 게 훨씬 보기 좋다. 당장 나를 괴롭혔던 상사나 견디기 힘들었던 조직문화 등 하소연하고 싶은 마음은 크겠지만, 부정적인 기운은 생각보다 쉽게 전달된다. 시간이 지나면 자신이 다니던 회사가 잘되고 있는 것이 본인의 경력에 훨씬 도움이 된다는 것을 깨달을 것이다.

고대하던 이직에 성공하면 본인의 에너지는 앞으로 펼쳐질 새로운 시작에 집중되는 것은 당연하다. 퇴사가 결정된 순간부터 당장 떠나고 싶은 마음이 들겠지만, 원만한 마무리도 경력의 일부다. 함께 일하기 너무 힘들었던 사람들도 성숙해지고 훗날 다른 환경에서 만날 수 있다. 시간과 환경이 허용하는 범위에서 현명하게 마무리하고 재충전의 시간을 보내며 새로운 경험과 변화를 기대하고 준비하자.

사소하지만
궁금한 내용들 (2)

Q. 퇴사 통보를 하기도 전에 이직하려는 회사에서 재직 중인 회사 내부인에게 저에 대한 질문을 했는데 어떻게 대처할까요?

이직 확정 전 비밀 보장은 반드시 지켜져야 할 원칙이지만 종종 이런 일이 발생하곤 합니다. 이미 발생한 일이니 너무 당황하지 말고 '경쟁사 조사 확인차 질문한 것 같다' '공식적으로 평판 조회를 요청한 적 없다' 정도로 말하며 사태를 진정시키는 방법이 좋겠습니다. 동시에 면접을 본 회사에 비밀 보장의 중요성을 인지시켜야 합니다. 이직에 대한 인식이 많이 바뀌고 있는 만큼 생각보다 심각한 상황이 발생하지 않을 수 있으니 너무 걱정하지 않아도 됩니다.

Q. 퇴사 통보는 인사팀에 먼저 해야 할까요, 직속 임원이나 팀
   장님에게 먼저 해야 할까요?

정답은 없지만 함께 일하고 있는 직속 상사에게 먼저 통보하기를
권합니다. 회사 분위기상 통상적으로 인사팀에 먼저 해야 한다면
따르면 됩니다. 다만 퇴사 통보도 공식적인 절차를 거쳐야 하는 만
큼 회사 내 친한 사람에게 먼저 이야기해서 팀장님이나 인사 담당
자가 비공식적으로 알게 되지 않도록 신경 써야 합니다. 불편한 관
계라 하더라도 끝까지 프로다운 모습을 보여주는 게 좋습니다.

Q. 입사 예정일까지 일정이 빠듯한데 인수인계가 원활하지 않
   아요. 잘 마무리하고 며칠 쉬고 싶은데 방법이 있을까요?

완벽하게 마무리하고 충분히 휴식을 취한 뒤 새로운 출발을 하는
것이 이상적이겠지만, 물리적인 일정이 빠듯한 경우가 빈번합니다.

퇴사가 결정되면 입사 전까지 미리 인수인계 일정 및 남은 휴가 소진 계획을 미리 세워두세요. 만약 입사 예정일 전까지 도저히 인수인계를 마무리하기 힘들다면 본인의 업무를 문서화해서 남겨놓는 방법이 있습니다. 새로운 조직도 내 입사일에 맞춰 업무 분장 등 여러 계획을 세워두니, 입사 예정일을 미루는 것은 지양하세요.

에필로그

☆

이직은
또 다른 시작

이직에 성공했다면 이제는 실전이다. 그러나 실전은 늘 그렇듯 이상과는 거리가 있다. 아무리 좋은 조건으로 원하던 기업으로 이직했다고 하더라도, 이직으로 생기는 변화는 누구에게나 적지 않은 스트레스를 준다. 당시에는 자신을 힘들게 하고 경력 개발로 많은 고민을 하게 했지만, 새로운 곳에서의 변화로 익숙했던 전 직장의 편안함이 그리워질 수 있다. 이직 전 예상치 못했던 문제가 있을 수도 있다. 본인이 맡을 업무 범위가 다른 경우도 있고 조직문화가 자신과 맞지 않을 수도 있다. 전 직장과 너무 다른 업무 방식에 당황할 수도 있다. 게다가 빨리 조직에 적응하고 긍정적인 평가를 받아야 한다는 조급함과 긴장감 때문에 처음에 힘든 것은 당연하다.

그러다 보면 본인의 선택에 의구심이 드는 순간들이 올 것이다. 단순히 전 직장의 익숙함과 편안함이 그리워서 그럴 수도 있고 생각했던 것보다 일이 재미있지 않아서 그럴 수도 있다. 사람 때문에 힘들어서 이직했는데 이직한 곳에서 다른 방식으로 자신을 힘들게 하는 사람들이 있을 수 있다. 막상 입사하니 처우 조건이나 보직, 담당 업무가 달라진다면 후회는 계속 밀려올 것이다. 완벽한 조직이라는 것이 없음을 잘 알지만 이런 상황에서 의연할 사람은 아무도 없다. 이직 과정에서는 간절함으로 기업의 긍정적인 면이 크게 보이는 경향이 있기 때문에 미처 생각하지 못한 부정적인 면이 이직 후 확대되어 보일 수 있다. 힘들겠지만 본인에게도 회사에도 적응할 시간을 충분히 주기를 바란다. 생각보다 적응 기간은 짧을 수도, 고통스럽지 않을 수도 있다.

그 누구도 실패를 예상하고 이직을 하지 않는다. 만약 예상했던 부분과 차이가 너무 크다면 당황하지 말고 조직 내부에서 조율을 우선 시도해보고, 개선이 안 된다면 안타깝지만 빨리 나오는 것도 방법이다. 잦은 이직이 습관이 되면 안 되지만 본인이 기대했던 바와 너무 큰 차이가 있다고 한다면 다시 이직을 검토해도 괜찮다. 경력 개발은 생각보다 긴 여정이다. 실수할 수 있다. 이직 한번 잘못했다고 경력이 완전히 무너지지는 않는다. 다만 섣불리 재이직을 결정하기 전에 자신과 냉정하고 솔직하게 대화를 해보자. 본인이 진정 원하는 것과 현실 사이에서 답을 찾아야 하는 질문은 은퇴할 때까지 반복해야 한다. 이직이 잦아진다면 자꾸 새로운 기회만 찾지 말고 근본적인 원인을 분석할 필요가 있다. 정작 하고 싶은 일은 따로 있는데 다른 분야에서 경력을 쌓고 있거나 공백이 두려워서 꾸역꾸역 새로운 곳으로 도망치고 있는 것은 아닌지, 아니면 직장을 선택하는 과정에서 주관적 판단과 객관적 판단을 균형 있게 하지 못하는 것은 아닌지 생각할 필요가 있다.

물론 경력 개발을 위해 이직을 검토하는 것이 이상적이지만, 현실 도피를 위해 이직을 검토하는 경우도 많다. 당장의 괴로움이 더 커서 버틸 수 없다면 괜찮다. 하지만 이러한 게 반복되면 스스로 실패감에 사로잡힐 수 있기 때문에 본인에게 건강하지 않다. 본인의 경력 개발에 대해서는 철저히 이기적이어야 한다. 본인에게 해가 되는 행동을 지속적으로 반복할 필요는 없다.

별다른 부정적인 이직 사유가 없어도 경력이 쌓여가면서 이직은 반복될 것이다. 이직 시장은 전보다 더 유연해졌고 이직이 경력 개발의 가장 효과적인 방법으로 인식되고 있기 때문에, 앞으로 더 많은 사람이 새로운 기회를 적극적으로 모색할 것이다. 마찬가지로 기업들도 기업 경쟁력을 확보하기 위해서 좋은 경력을 쌓아온 인재를 확보하는 데 더욱 열을 올릴 것이다.

누구나 이직을 원하는 시대가 되었다고 해서 지금 자리에 머무르는 것이 뒤쳐지는 것도 아니다. 오히려 그 자리를 유지하기 위해 열심히 달려야 한다. 그러다 보면 기회는 누구에게나 언젠가는 온다. 기회는 잘 준비된 사람에게 오는 것도 맞지만, 그 기회를 알아볼 수 있는 눈과 열린 마음이 있는 사람이 좋은 기회를 잡을 수 있다.

성공한 사람들도 고민한다. 누가 봐도 훌륭한 경력을 쌓아온 사람이라도 대부분 경력 개발의 긴 여정 중에 본인의 선택에 대한 의구심과 미래에 대한 불안감이 찾아오기 마련이다. 특히 경력 초반에는 조급함이 앞설 수밖에 없다. 여러 고민으로 이직을 시도했는데 생각보다 녹록치 않더라도 좌절하지 않기를 바란다. 속도에 집착하지 말고 의미 있는 경험을 쌓아가는 것이 몇 배로 중요하다는 것을 잊지 않았으면 한다. 이러한 과정을 거치며 본인의 직업에 대한 철학이 확고해지고, 전문성이 강화될 것이며, 시장에 대한 견해가 넓고 깊어져 보다 단단해진 자신을 발견할 수 있을 것이다.

이 책이 이직을 본인 스스로 자랑스럽고 만족할 수 있는 경력 개발의 도구로 현명하게 사용하는 데 도움이 되기를 바란다.

나를 위해 이직합니다

초판 1쇄 발행 2023년 10월 17일

지은이 이지영
브랜드 경이로움
출판 총괄 안대현
책임편집 정은솔
편집 김효주, 이제호
마케팅 김윤성
표지디자인 윤지은
본문디자인 김혜림

발행인 김의현
발행처 사이다경제
출판등록 제2021-000224호(2021년 7월 8일)
주소 서울특별시 강남구 테헤란로33길 13-3, 2층(역삼동)
홈페이지 cidermics.com
이메일 gyeongiloumbooks@gmail.com (출간 문의)
전화 02-2088-1804   **팩스** 02-2088-5813
종이 다올페이퍼   **인쇄** 재영피앤비
ISBN 979-11-92445-52-6 (13320)